ILS ONT FAILLI
ME TUER

Vincent TALAOUIT
Avec Bernard NICOLAS

ILS ONT FAILLI ME TUER

Flammarion

ISBN : 978-2-0812-4101-5

Avant-propos

Je les ai bien connus et j'aimais voir à quel point ils s'appréciaient.

Pierre et Hubert [1], tous deux ingénieurs, étaient complices dans le travail et ont réussi des prouesses dans leur open space. Au nom d'Orange, ils ont en effet déposé des dizaines de brevets sur des nouveaux systèmes pour Internet ou le téléphone mobile. Passionnés comme nous tous, ils ont apporté beaucoup de plus-value à leur entreprise et à leur vie.

Car si la plupart d'entre nous se quittaient le soir jusqu'au lendemain, eux ne se perdaient jamais de vue. Quand Pierre s'est marié, Hubert fut son témoin. Et lorsque Hubert a accueilli son premier enfant, Pierre fut son parrain. Leurs épouses partageaient d'ailleurs confidences et espoirs.

Ils partaient aussi en vacances ensemble et se retrouvaient sur les mêmes photos en bermuda et tongs comme le reste de l'année en costard-cravate : bras dessus bras dessous et hilares.

1. Les prénoms ont été changés.

Nous avions l'habitude de dire que Pierre et Hubert étaient le ciment de notre équipe, un moteur sans défaillance. Car si un collègue se trouvait en difficulté, il savait pouvoir compter sur eux.

Leur capacité d'écoute paraissait sans limite, leur volume de travail exceptionnel et l'équilibre qu'ils avaient su trouver entre dedans et dehors, exemplaire.

*

Et puis, un jour, un chef dont le passage fut aussi furtif que dévastateur, annonça une restructuration du service et la promotion possible pour l'un ou l'autre d'entre nous.

On voyait très rarement ce monsieur, dont le passe-temps favori était la visioconférence. Champion de l'ellipse, il ne répondait jamais vraiment aux questions légitimes que nous pouvions nous poser quant à notre avenir collectif et personnel. Lorsqu'une question le gênait, il prétextait une réunion urgente et coupait image et son.

Une fois, sur des slides, on vit des cases vides censées représenter notre futur organigramme. Et dans la tête de chacun, l'espoir d'en être se mit à le disputer à la peur de disparaître. Résultat, la rumeur, poison de la vie en groupe, s'invita de plus en plus autour de la machine à café.

Pierre et Hubert, eux, n'en avaient cure. Jusqu'à ce qu'elle les atteigne.

— Pierre pourrait passer manager… entendit-on.

Pour la première fois depuis que je le connaissais, je vis Hubert perdre le sourire. Puis, peu à peu, il se résolut à ne plus quitter son siège, le regard éternellement fixé sur son computer.

*

Comme on accorde des bons points au seul enfant méritant du cours préparatoire, notre chef déclara un matin :

— Il y a une seule clé 3G pour toute l'équipe, et je la confie à Pierre qui l'attribuera à tel ou tel selon les besoins.

Investi d'une mission en même temps qu'adoubé, Pierre le manager exerça ce nouveau pouvoir avec un zèle et un plaisir évidents.

Et une de ses premières victimes fut Hubert.

Son témoin de mariage, son ami, son complice, avait désormais un rang de subordonné.

Comme s'il avait oublié sa vie d'avant, gagné par les cimes et la perversité du système, Pierre se prit au jeu. Il ordonnait, plaçait et déplaçait selon son bon vouloir, comme on bouge des pions sur un échiquier. Hubert, lui, ne reconnaissant plus son ami, décida de répondre avec la même violence.

Deux frères de lait hier, deux pitbulls féroces prêts à se dévorer aujourd'hui.

C'était puéril et inquiétant à la fois. Qui avait le pouvoir de transformer à ce point un collègue pour qu'il devienne l'exécutant appliqué d'un plan de suppression d'emplois allant se révéler désastreux ?

L'homme était nié, la compassion oubliée.

Et je fus vite anéanti en constatant combien l'indifférence entre nous grandissait quand, hier encore, la solidarité était l'un des piliers de notre réussite.

*

La terreur gagna du terrain. Quand l'un d'entre nous ne revenait plus au bureau, personne ne s'en préoccupait, chacun préférant baisser les yeux, courber le dos, espérant être encore là le lendemain.

Une déshumanisation de l'équipe, apparemment programmée, qui m'atterrait. Mais ce n'était pas le dédain affiché par l'un envers l'autre, qui me faisait mal, c'était la peur émanant du premier.

Les corps changèrent de forme, des bouches tordues surgirent des mots d'une dureté inimaginable, des bêtes blessées défendirent leur territoire. Notre centre d'innovation rassemblait autrefois à ce qui se faisait de mieux en matière d'ingénieurs, mais une main invisible tentait de le saborder.

Ces femmes et ces hommes, avec leurs forces et leur fragilité, je les ai vus souffrir et ça m'a bouleversé.

*

Quand mon tour est venu d'être soumis à la même pression torturante, aucun de ceux qui m'entouraient n'a protesté. J'ai compris – avec le recul – que la trouille les tenaillait au point de leur faire oublier l'essentiel : l'humain est plus important que tout.

Cette indifférence, cette peur, gagnèrent notre open space. Et, loup pour l'autre, l'homme se constitua alors en clan, en meute. Oubliés le téléphone mobile en pleine révolution ou Internet à la conquête du monde, ces recherches pour lesquelles nous étions payés. Seule, dorénavant, comptait la survie.

*

Quand la violence, l'hystérie parfois, fut valorisée par la hiérarchie, chacun comprit ce qu'il devait faire pour se voir promu. C'est ainsi que des postures agressives se sont métamorphosées en règle au sein de l'équipe.

Certains ont craqué et fui ce qu'ils appelaient « une boîte de fous ». D'autres ont résisté jusqu'au bout de leurs forces avant d'abdiquer, supportant humiliations et négations de leurs compétences pourtant réelles. Et, aujourd'hui, ils hantent plus souvent des cabinets de psychiatres que leur poste de travail.

Et puis, il y a ceux qui ont choisi de mourir.

*

En confiant le management à des hommes sans épaisseur humaine, sans expérience, en les formant avec des outils dont ils ne percevaient pas le danger dès l'instant qu'on ne savait comment les utiliser, la catastrophe était prévisible. Nos dirigeants pouvaient-ils l'ignorer ? Je ne le crois pas, hélas.

*

Par le témoignage que vous allez découvrir dans ce livre, je veux modestement apporter un peu de lumière à ceux qui ignorent ce qui est arrivé chez Orange, et auxquels on tente de faire croire « qu'il n'y a pas plus de suicides à France Télécom Orange que dans le reste de la population ». Au-delà du fait qu'il s'agisse selon moi d'une contre-vérité confinant à la manipulation, l'essentiel est que l'opinion publique apprenne ce qui est arrivé dans une entreprise française considérée comme un fleuron technologique et un bel exemple de réussite.

Il faut, aujourd'hui, clamer haut et fort qu'en voulant pousser hors de l'entreprise 22 000 personnes entre 2004 et 2007 – et ce, par tous les moyens –, les dirigeants de France Télécom Orange ont joué aux apprentis sorciers. Et ajouter tout aussi clairement que le déni encore perceptible chez certains dirigeants du groupe n'empêchera pas la vérité d'avancer.

*

Moi, Vincent Talaouit, j'aurais pu rester caché, avec mes antidépresseurs et mes séances cathartiques chez une psychiatre, en attendant que mes tourments cessent et que ma colère s'épuise.

Mais je me dois de témoigner. Pour ceux qui ont disparu, ceux qui ont souffert et souffrent encore. Pour éprouver ce sentiment d'utilité essentiel à une vie. Par besoin de compenser le fait qu'on m'empêche d'avancer par ce qui m'a construit depuis ma plus tendre enfance : le travail.

En parlant aujourd'hui à visage découvert, j'investis en somme dans une œuvre collective d'information. Et de mise en garde.

Je veux aussi remercier celles et ceux qui apportent leurs témoignages qui jalonneront mon récit. Médecins, spécialistes de la souffrance au travail, collègues, syndicalistes, ils offrent par leur contribution un supplément de lumière à l'histoire de ces années sombres.

Prologue

Quand je pénètre dans le bâtiment, je n'y vois que du bleu, du sol au plafond ; il y a bien un garde à l'entrée mais l'immeuble semble inhabité. J'ai l'impression de pénétrer dans un hôpital psychiatrique.

Je passe le portique de sécurité, m'approche de l'ascenseur, c'est au septième étage.

Je marche sur un lino bleu sale, des néons mal réglés éclairent l'étage d'une manière étrange.

Quel est cet endroit ?

Tout au bout du couloir, deux types me font face et sourient ; en réalité ce n'est qu'un poster qui pendouille du plafond et qui illustre un panneau « Orange perspective ».

Là, je m'assieds.

Pendant une heure, j'ai tout le temps d'observer les autres hommes qui, comme moi, attendent.

Des hommes aux cheveux grisonnants qui ont dépassé la cinquantaine.

Têtes baissées, les yeux cernés sur des visages blêmes, ils paraissent abattus avant même d'être reçus. Ils ont peur et ça se voit, sont déjà au pied de l'échafaud alors que la sentence n'est pas encore prononcée.

Ces hommes ont l'âge qu'avait mon père à sa mort et on les traite ainsi. Inimaginable et insupportable pour moi.

*

Mme Biard[1] est une petite femme aux cheveux frisés, assez frêle.

Elle travaille en binôme avec une prénommée Camille[2].

Une belle jeune femme, très amène, à la voix si faible qu'il faut tendre l'oreille pour comprendre ce qu'elle dit.

Parachutée du marketing chez Wanadoo, Camille a atterri un jour aux ressources humaines d'Orange.

Je la suis vers un bureau dont elle referme la porte.

Je prends place face à elle et, dans un murmure, elle me déclare :

— Voilà, tu vas me faire une liste des valeurs importantes à tes yeux et nous étudierons le tout après… Je vais te laisser réfléchir et je reviens plus tard.

— Mais c'est facile, pas la peine d'attendre : il y a le travail, la solidarité, la fraternité, la collégialité, l'innovation, l'abondance…

---

1. Le nom a été changé.
2. Le prénom a été changé.

— Non, attends Vincent ; le process prévoit que je dois te laisser seul pour réfléchir et qu'on travaille plus tard ensemble sur ces valeurs.

Sur ces mots, elle quitte la pièce.

Je sors alors un document concernant un brevet que je compte déposer, le relis, l'annote ; c'est aussi ma façon de m'évader.

Elle revient une dizaine de minutes plus tard.

Dans un souffle, elle dit :

— Bon, je vois quelles sont tes valeurs, ok… Mais quand, dans ton environnement professionnel, tout ceci n'existe pas, que ressens-tu ?

— Quand il n'y en a pas, j'essaie de les développer parmi mes collègues de travail…

— Mais si ce n'est pas possible ? insiste-t-elle en un sourire.

— Il est toujours possible de cultiver la fraternité ou l'innovation dans le travail…

— Non Vincent, là tu es dans le déni. Tu ne veux pas voir la réalité…

Elle attend sans doute que je réponde « S'il n'y a pas ces valeurs, c'est l'enfer, et l'enfer on le fuit ! »

Elle poursuit :

— Dis-moi trois des qualités qui te caractérisent ?

— Le goût du travail, la gourmandise et la curiosité…

— Et donc, quand ta curiosité est mise à mal au travail, comment réagis-tu ?

Je la regarde et suis atterré ; je crois même devenir dingue ; quelles sont ces questions censées m'aider ? Jusqu'ici, jamais je n'ai croisé de considérations aussi tordues, quasi-perverses.

Des collègues qui sont passés après moi dans le bureau de Camille à « Orange perspective » auront une formule résumant assez bien les manœuvres pratiquées : « On vient de se faire reformater le disque dur… »

*

Après cette séance de manipulation, une autre épreuve s'annonce dans un bureau voisin, celui de Mme Biard.

La pièce où elle me reçoit est nue avec, pour tout mobilier, une table et deux chaises qui se font face ; sur le mur, un schéma que j'ai déjà remarqué chez un autre DRH, mais que je n'ai pas le loisir de détailler.

« Ah, enfin on vous voit… » seront ses premiers mots alors que je suis encore debout et que la porte est restée ouverte.

— C'est la première fois que je vous rencontre…

— Oui, mais ça fait un bout de temps qu'on cherche à vous joindre…

— Ah bon ! Moi je n'ai reçu qu'un courrier de convocation et me voilà. Que me voulez-vous ?

— Je vais être claire tout de suite, c'est moi qui pose les questions ici…

Je regarde par réflexe derrière moi afin de vérifier si c'est bien à moi qu'elle parle ainsi. Marcel Béliveau est-il planqué quelque part et va-t-il sortir tel un diable pour s'écrier avec sa moustache malicieuse : « Surprise, surprise, c'est la caméra cachée… »

Rien de tout cela, hélas ; Marcel n'est pas là et Mme Biard a l'air on ne peut plus sérieuse.

J'ai déjà subi quatre entretiens avec mon manager et autant de convocations au service des ressources humaines, mais je décide de jouer le jeu :

— Quelles questions souhaitez-vous me poser ?

Son visage s'empourpre :

— Bon, asseyez-vous maintenant…

Puis elle va vers la porte et la ferme brusquement.

Je songe intérieurement : « Je pars ou pas ? Le problème c'est que j'ai été mis en demeure de venir et que je me suis déplacé. Si je recule maintenant, ils ne vont pas me rater ; je reste ! »

*

La lapidation débute par un questionnaire avec des cases à cocher du style : « Vous êtes l'oublié des formations, vous avez envie de partir en claquant la porte, on ne vous donne jamais aucune information… »

Je ne coche rien et, au dos de la feuille, j'écris :

« Les projets que je mène sont passionnants, mes partenaires internes sont très intéressés par mes projets, j'ai de bonnes relations avec nos partenaires, etc. »

— Voilà la réalité pour moi, votre questionnaire ne correspond en rien à ce que je vis.

Je lui tends la feuille.

Dans ses yeux, un mélange de stupéfaction et de fureur :

— Mais vous êtes dans le déni, Vincent, vous êtes dans le déni… répète-t-elle, en montrant le schéma sur le mur.

En la regardant, je me dis :

« Qu'est-ce qu'elle raconte ? »

— Vous n'avez pas fait le deuil, Vincent…

Je suis de plus en plus perturbé : de quel mort parle-t-elle ?

Veut-elle me pousser à quitter l'entreprise ? Pour cela, sans doute suffirait-il que je reconnaisse que la vie au sein de mon service est insupportable, que je suis dans l'impasse et que seul un départ préservera ma santé morale ? C'est quoi ce jeu ?

— Pourquoi ne partez-vous pas en claquant la porte ? Vous êtes inquiet… Je vois bien que là, vous êtes dans la colère, insiste-t-elle en me montrant à nouveau le croquis affiché.

Je ne l'écoute plus, songeant plutôt à tout le travail qu'il me reste à accomplir au bureau, voguant déjà vers San Francisco Bay où il doit être 10 heures du matin.

Sans doute suis-je encore naïf ; à cet instant, je ne peux imaginer que mes patrons aient envie de me voir abandonner le navire et quitter un travail que j'aime. Et c'est pourquoi, par un simple regard vers celle qui vient de m'agresser, je veux lui faire comprendre que : non, je ne partirai pas !

Chapitre 1

Le travail. Un maître mot dans ma famille. Celui que mes parents préfèrent, et que j'entends prononcer dès mon plus jeune âge.

Un socle sur lequel nous avons bâti nos vies.

« La joie est dans le travail. » Dans la bouche de mon père, cette expression me faisait peur quand j'étais petit. Je ne savais pas pourquoi, mais je l'ai compris plus tard, en découvrant la plaque à l'entrée du camp de concentration d'Auschwitz : « Le travail rend libre. »

Mes parents sont originaires d'une petite ville de Kabylie habitée par des pêcheurs aux demeures modestes, accrochées aux flancs de la montagne. Je ne sais pas si j'ai de la famille là-bas, et n'ai jamais ressenti le besoin d'y retourner. Ce qui ne m'empêche pas de m'intéresser à mes origines, et de toujours désirer en savoir plus.

*

Je songe à mes grands-parents, à ce qu'ils auraient pu me transmettre si j'avais eu la chance de les connaître. Mes racines kabyles, c'est dans les livres que je les ai puisées. Au fil des pages, j'ai fait connaissance avec un monde dont je me sens proche, un monde où les gens se parlent, où ceux qui nous ont précédés témoignent par le langage plutôt que par l'écrit.

Par bonheur, un ethnologue allemand, un certain Frobenius, s'est fait le messager de la culture kabyle par une moisson de 400 contes traduits en français, dont j'ai découvert la richesse insoupçonnable. Mes ancêtres kabyles n'ont pas attendu la mode écolo pour faire parler la voix de la terre. Chez eux, la nature se célèbre au fil des jours, et c'est sur elle que repose le renouvellement des choses. Par exemple, ici, à Paris, quand un bol se casse, on en achète un nouveau. Un geste évidemment impossible dans les montagnes isolées, où c'est à la nature que revient la mission d'en fabriquer un autre, par les mains du paysan qui le modèlera de ses propres doigts. Patience et sagesse guideront le paysan, prié de s'adapter à ses conditions de vie, dans l'attente d'une saison propice à ce possible renouvellement.

Les contes ont aussi pour mission de transmettre des valeurs aux plus jeunes. Fierté, courage, honnêteté. Fonder une famille, donner naissance à un enfant, ces événements heureux sont une manière de justifier notre passage sur terre. Aucun dogme à l'origine de ces idées transmises, mais une véritable école de la vie, à laquelle chacun de nous pourra se référer, en toutes circonstances. Et qui a formé les valeurs qui sont les miennes, aujourd'hui encore…

Ai-je hérité du bon sens paysan de mes ancêtres ? Je l'espère. Si je n'ai pas eu la chance de les connaître, de les entendre, mon père a servi de relais. Car ces contes kabyles découverts dans les livres, lui, les a vécus. Certaines images fixées dans sa mémoire ne le quitteront plus jamais : les troupeaux de vaches qu'il conduisait dans la montagne, cette terre rocailleuse et pentue que mes grands-parents tentaient d'apprivoiser saison après saison.

*

Mes parents décident de venir vivre en France. Ce qui guide leur choix, c'est le travail. Sans lui, pas d'argent pour faire vivre leur future famille. En mettant le cap sur la France, ils se sont arrachés à leur village. À leur langue, aussi, car chez nous, on parle seulement le français et non le kabyle. Il faut dire que mon père lui-même est le fruit d'un amour mixte, de père français et de mère kabyle. Un « secret de famille » gardé telle une forteresse par ma grand-mère, muette, à jamais, sur ces amours interdites. Notre famille est classique en son genre. Je suis l'aîné de cinq enfants, suivi de deux frères et deux sœurs. Cinq enfants arrivés en huit ans, une petite tribu qui fait la fierté de ma mère, dont le désir le plus ardent était de fonder une famille.

On s'est installé en banlieue parisienne et mes souvenirs de gamin sont encombrés de nombreux cartons de déménagement. Chaque naissance réclame une chambre de plus et nous entraîne vers un nouveau point de chute. Trois enfants, trois villes.

Mon père est mécanicien auto, un « Géo Trouvetou », un passionné, incollable sur les cardans qui couinent ou les moteurs cacochymes. Par ses seules oreilles, sans soulever les capots, il détecte une panne. C'est dans son atelier, au milieu de ses outils et de ses moteurs, qu'il est le plus heureux. Il est aussi, à sa façon, un orfèvre. Ses aptitudes pourraient se rapprocher du travail en finesse d'un luthier, qui cisèle les sons à coups de rabot minutieux. Mon père, lui, était un artisan de la mécanique auto.

Une passion contractée en Algérie, dès l'âge de douze ans, quand il fut initié par un patron qu'il considérait comme un second père. Ce garagiste lui a tout transmis, y compris, sans doute, l'affection qui lui manquait. Son « vrai » père était en effet très violent, et son patron d'une rare bienveillance. Je revois mon père, à table, ressusciter ce boss qui n'hésitait pas à troquer sa clé de douze contre une canne à pêche. Il la plantait devant le nez du gamin et lançait, en tirant sur le rideau de fer du garage : « Bon, aujourd'hui, on ne travaille pas ! » Et ils partaient tous deux au bord de la rivière. Une bouffée d'air paisible dans une vie de labeur, un moment de complicité qui se partage sans mot dire, entre un vrai patron et son faux fils, heureux d'être ensemble.

Et moi, aujourd'hui encore, je les envie : jamais je ne suis parti à la pêche avec mon père.

Ma mère, quant à elle, est infatigable qu'affectueusement, et sans imagination excessive, je l'ai surnommée le « tank ». Qu'il pleuve, vente ou neige, rien ne l'arrête pour faire son marché, ou son potager. Une vraie montagnarde. À la maison, ne rentre qu'un seul salaire modeste. Autant dire que nous n'avons pas beaucoup d'argent pour vivre. On se débrouille avec peu, personne ne se plaint. Mon statut d'aîné n'a pas que des inconvénients. Je suis celui qui étrenne les habits neufs, dont mes frères et sœurs hériteront.

Pour ma mère, même sans argent, sa famille est une réussite, un projet mené à bien. Un rêve accompli sur lequel elle veille, et pour lequel elle supportera tout, y compris les colères noires et explosives de son mari. Les enfants sont une richesse à ses yeux, et quand les siens seront grands, elle ira veiller sur ceux des autres, comme assistante maternelle. Et notre « super Nanny » à nous fut vraiment une mère extraordinaire.

*

À l'époque, mon père me rappelle souvent mon « devoir d'aînesse » : « C'est toi le grand, tu dois t'occuper de tes frères et sœurs. » Une lourde responsabilité pour un petit garçon que j'ai assumée de mon mieux, enfant, puis adolescent. À la maison, les devoirs scolaires occupent une place centrale dont j'assure l'organisation, mes parents étant trop accaparés par leur boulot. À moi d'orchestrer la maisonnée, de jouer les guides pour mes quatre frères et sœurs. Comme j'ai servi d'éclaireur en passant le premier dans toutes les classes, une question me revient sans cesse : « Tu faisais comment, toi ? »

À mes yeux, l'école a toujours été un émerveillement, une porte ouverte sur l'extérieur. Apprendre, engranger de nouveaux savoirs, comprendre : c'est ma plus belle façon de fuir le quotidien. Je suis le curieux insatiable qui fatigue les profs. Excédés, d'ailleurs, ils n'en peuvent plus. Je les entends, d'un coup sec, bloquer mes élans : « Arrête de poser des questions ! » Mais mes bulletins, eux, portent la marque de cette soif de connaissances : « Extrêmement curieux de tout. »

Au retour de l'école, je ne désarme pas. Les devoirs terminés, j'attaque un livre pour partir à l'assaut de nouvelles découvertes. Et j'adore ça. Mon carnet de notes indique le bénéfice d'une telle énergie : premier de la classe ! Mes parents sont fiers, et je mets un point d'honneur à conserver cette place de leader. Pourtant, occuper le poste de capitaine s'avère bientôt insuffisant pour étancher ma soif de connaissances et alimenter un moteur qui tourne à plein régime.

Une semaine après la rentrée en CM1, la maîtresse décide de m'envoyer directement en CM2. Je me retrouve « nouveau », « suspect », parmi une forêt de géants qui me regardent comme un extraterrestre. Comble du bonheur, je dois porter mes premières lunettes, ce qui contribue à coller un portrait d'intello (dont je me serais bien passé) sur une tête bien faite. Et à aggraver mon cas. Car ma nouvelle institutrice de CM2 n'accepte pas du tout le profil atypique de ce petit enfant d'immigré qui se paie le luxe de réussir là où sa propre fille a échoué : sauter une classe !

Ainsi couronné d'un privilège insupportable à ses yeux, elle entreprend de me mettre en situation d'échec. Son zèle en la matière est exemplaire. Dès la rentrée, elle me fait un croche-pied avec une division à virgule, qu'elle me demande de résoudre devant toute la classe. Je m'exécute et trouve à la craie blanche le bon résultat. L'instit repart alors en silence vers son bureau, visiblement déçue que je sois parvenu à solutionner le problème.

Mais elle ne lâchera pas prise, et va me mettre à l'épreuve tout au long de l'année cet état finalement peu enviable, par certains côtés, d'« élève en avance ». Il suffit que je ne réponde pas à une question pour l'entendre dire : « Tu vois, ça ne valait pas la peine de te faire sauter une classe… »

C'est aussi le temps où l'on me fait sentir mes origines, que la maîtresse ne manque pas d'évoquer. « Talaouit, ça prend bien un h quelque part, non ? » demande-t-elle. Pour me forger une carapace, j'agis en « pro ». Dans mon for intérieur, je me coache tout seul : « Fais ton job, et laisse dire ! » J'ai vite compris qu'une blonde Stéphanie ou qu'un blond Stéphane attirait plus la bienveillance qu'un enfant d'immigré aux cheveux crépus. On ne s'adresse pas aux unes et à l'autre sur le même ton, on ne lui accorde pas les mêmes gestes. Les ordres du style : « fais ça, mets-toi là » ne se disent pas de la même manière quand ils s'adressent à nous, les enfants dont les parents sont venus d'ailleurs pour travailler.

On parle d'ailleurs de nous au pluriel. Nos défauts, incurables, sont inscrits dans les gênes : « Ils ne comprennent pas, ce n'est pas dans leur culture. » Je suis donc « différent », ce qui, pour un enfant, est la pire des choses, tant il aspire à se sentir comme les autres. Jamais je n'ai pu oublier la violence de cette sorte de ghetto mental, d'autant plus incompréhensible, à mes yeux, que je n'ai jamais connu qu'un seul pays, la France. Et la culture française, c'est la mienne.

Heureusement, les bibliothèques existent, et je ne me prive pas de les hanter. Les sports – judo, foot – que mes parents m'autorisent à pratiquer, m'offrent un autre supplément d'évasion. Je revois encore les géants comme papa qui nous apprennent à tomber sur le tatami, et cette sensation bizarre de se battre contre des ours, même bienveillants.

La vie de famille me sert de refuge, même s'il faut bien avouer que faire ses devoirs dans un appartement plein de cris, de pleurs, de disputes, relève de l'exploit. Le tout avec, sur nos existences d'enfants, la rigueur, l'autorité du clan familial. Comme s'il s'interdisait tout geste d'amour, mon père est d'une dureté impitoyable. Quand ça ne va pas comme il le souhaite, ses mains de bûcheron s'abattent sur moi. Il paraît alors ne plus se contrôler et frappe. Pourquoi une telle violence ?

Plus tard, j'ai compris. Convaincu, sans doute, que les coups reçus tout au long de son enfance avaient modelé l'homme qu'il est devenu, il a fait sienne la méthode. Et reproduit ce qu'il a subi de son père, un homme de 1,95 m et 120 kg ayant exercé plusieurs métiers, les travaux de la ferme puis l'armée et enfin un poste de garde du corps du préfet. Un honneur dont il était fier.

Ma mère elle-même en a souffert. Un jour, elle l'a menacé d'aller le dénoncer à la police. Il s'est calmé, a même arrêté de fumer. Mais s'il a changé avec sa femme, les torgnoles, elles, partaient toujours aussi facilement. Et elles étaient pour nous, les gosses.

Chapitre 2

Les années de collège s'annoncent plus rudes encore. Mais elles forment ce goût du travail qu'Orange – bien plus tard et paradoxalement –, me reprochera par courrier recommandé.

Planté dans une ZEP, le collège Debussy compte parmi ses effectifs un bataillon de « durs à cuire » qui sèment la terreur et que les profs traitent de « pré-délinquants ». Est-ce ma grande taille ou le judo qui m'a préservé ? Toujours est-il que je n'ai jamais eu à souffrir de leurs magouilles et rackets. Très vite, mon statut d'« intello » s'est transformé en passeport pour l'amitié. Dès qu'ils butent sur un problème de maths ou une dissertation en français, ils viennent me voir : « Tiens Talaouit, tu as fait le devoir, tu me montres ? » Et je les laisse recopier. Ça ne les aide pas vraiment, mais je suis fier qu'ils me sollicitent pour un coup de pouce immédiat.

Les études restent un jeu pour moi, et tout roule… jusqu'en seconde.

*

Mon entrée au lycée s'ouvre sur une découverte qui va faire des ravages dans ma vie d'adolescent : l'ordinateur. Après mon ZX81 et Alice, c'est la belle époque Atari et Amstrad, ces géants californiens de l'informatique qui, en quelques clics de souris, transportent les jeunes dans un « ailleurs » rempli de jeux fictifs, un ailleurs qui, en réalité, les laisse chez eux tout en les accaparant. Je tombe dans ce panneau-là, et deviens vite accro au clavier et au jeu, ce poison que mon père m'a inoculé en m'achetant l'ordinateur afin de récompenser mes bons résultats scolaires. Un véritable sacrifice financier pour lui.

Mes soirées se transforment en parties de jeux sur écran. Je passe 80 % de mon temps libre à échanger des programmes et des logiciels avec les copains. Et le couperet tombe : alors que je suis toujours facilement passé d'une classe à l'autre, sans forcer, sans vraiment travailler, la porte de la seconde se referme.

Une gifle : je ne vais pas en première. Je me dis qu'il n'y a pas de quoi s'inquiéter. Après tout, j'ai un an d'avance. Mais, à la maison, la nouvelle fait l'effet d'un électrochoc. Pour mes parents, l'enfant modèle vient de disparaître. Du haut de mes 14 ans, je décide d'affronter mon père. Avec un culot dont je m'étonne encore aujourd'hui, je lui annonce mon échec, droit dans les yeux, d'homme à homme. Fauché par la nouvelle, il ne me répond pas. Pire : il m'ignore totalement. Et son silence, plus douloureux qu'une volée, va durer tout l'été.

*

D'entrée de jeu, j'ai conscience que cette nouvelle année de seconde sera celle de tous les dangers. La direction du lycée a eu la « bonne » idée de réunir tous les redoublants dans la même classe, des « prédélinquants » qui ne se soucient pas d'apprendre, et qui auraient déjà dû se diriger vers des filières « pro ». Seuls quelques rares égarés de mon espèce prétendent poursuivre des études supérieures. Par bonheur, je bénéficie de la présence réconfortante de Madame Rochi, ma prof de physique-chimie, l'une des rares enseignantes à vraiment se préoccuper du niveau de ses élèves. Elle propose même des cours complémentaires à ceux qui le veulent, entraînant la prof de maths dans son sillage. Je leur dois, à l'une comme à l'autre, le sauvetage de cette année de seconde, une année charnière durant laquelle je pousse comme un bambou. Les habits qu'on m'achète en septembre sont déjà trop petits en octobre. Je grandis tellement vite que me voilà, sur les conseils du médecin, interdit de judo, que je devrai arrêter à contrecœur.

Heureusement, j'ai un binôme, Antony, avec qui je fais équipe. On se prête les bouquins, on est toujours l'un chez l'autre. Nos mères sont amies, une amitié qui ressemble à un pacte scellé pour sauver leurs fils d'un environnement défavorable. Notre sport favori, avec Antony, est de résoudre des exercices de maths. On en bouffe avec gourmandise. Je me demande parfois comment nous pouvons en avaler autant. Ce tandem très fort nous a permis de tenir le cap, et de le franchir, dans une ambiance plutôt chaotique.

Avec Antony, nous ne nous sommes pas quittés jusqu'en terminale C. C'est là que j'ai retrouvé ce prof d'anglais qui m'avait cloué au pilori lors de ma première seconde catastrophique : « Tu perds ton temps à cirer les bancs, va chercher du travail ou fais un bac G, tu apprendras la compta et au moins tu auras un métier. »

Son mépris m'avait marqué au fer rouge. Mais quand il m'a retrouvé, il a su réviser son jugement. Et c'est avec fierté que j'ai lu son commentaire au bas de mon bulletin : « Mérite de réussir. »

*

Comment oublier le jour des résultats du bac ?

C'est ma mère qui me conduit jusqu'au lycée où sont affichées les listes des candidats admis. Depuis le matin, elle est livide. Pour elle qui n'a pas pu faire d'études, le bac relève du rituel de passage vers l'âge adulte, et il est fondamental que je réussisse.

Je vois ses mains trembler sur le volant. Il faut avouer que mon intérêt pour Roland-Garros et les heures que j'ai passées devant les matches de tennis au lieu de réviser ne sont pas de nature à la rassurer. Elle me dépose devant le lycée, tétanisée. Moi, j'y vais décontracté. Avec Antony, on a travaillé toute l'année et les épreuves n'ont été qu'une formalité.

Je vois mon nom, la mention que j'ai obtenue et je retourne vers la voiture. Je ne veux pas la faire souffrir plus longtemps. Est-ce mon visage imperturbable ? Je lis d'emblée l'angoisse dans ses yeux. Alors, je lui dis « C'est bon » et m'assois à ses côtés.

— Quoi, tu ne l'as pas, tu ne l'as pas ?

— Si, si, je l'ai.

— Tu l'as mon fils, tu l'as, gémit-elle dans un sanglot.

Elle me prend dans ses bras et m'inonde de ses larmes. À cet instant, je mesure ce que le diplôme représente pour elle, tout ce qu'elle a sacrifié pour ce moment intense.

On est rentré à la maison et on a fait la fête.

Je suis heureux de les voir tous en joie, mais en mon for intérieur, je n'ai pourtant pas le cœur à rire : les emmerdes vont commencer. Car la bonne nouvelle n'a pas transporté mon père de joie. Impossible de lire quoi que ce soit sur son visage.

Il ne rompra le silence que le lendemain :

— Tu vas faire quoi maintenant ?

— Je vais essayer de dénicher un job d'été, un boulot étudiant, dis-je en espérant quand même partir en vacances.

— Je connais des boîtes qui te prendront ; tiens, voici les adresses.

Il a déjà tout prévu ; moi qui croyais profiter de l'été, je n'ai pas un rond.

Je dois donc renoncer aux vacances pour gagner un peu d'argent. Et me voilà embauché comme ripeur chez un transporteur. Ma mission ? Préparer en pleine nuit des camions de livraison chargés de matériels en tous genres. Chaque matin, je me lève à 3 heures pour bosser jusqu'à 13 heures. Je me coltine des tonnes de cartons ou d'objets hétéroclites, dans des immeubles parfois sans ascenseur pendant que le chauffeur m'attend au volant du bahut.

L'enfer pendant près de deux mois !

Tous les étés suivants, je travaillerai pour amasser un petit pécule.

*

Hélas, ce n'est rien comparé à ce qui nous attend. Papa passe un examen médical qui révèle un cancer du colon. Le diagnostic des médecins ne laisse planer aucun espoir : « Il est condamné. » Mais mon père est décidé à se battre. Et ma mère, qui oublie ce qu'il lui a fait subir, ne le quitte plus.

Pour ses enfants, papa est indestructible. Le voir progressivement rongé par la maladie vire au calvaire. À chacune de nos visites, nous redoutons de le découvrir toujours plus diminué. Ses cheveux sont tombés, et je lis parfois, sur son visage amaigri à la peau parcheminée, la honte de nous recevoir. Je ne supporte plus cette image, ce combat inégal, me sens impuissant face au cancer ; il souffre tant que j'en viens à espérer qu'il parte, vite.

S'il n'en parle pas ouvertement, pour ne pas nous imposer une épreuve de plus, lui aussi devine que la fin approche. Il se trahit souvent par l'évocation d'un futur auquel il n'appartient déjà plus : « Quand je serai parti, quand je ne serai plus là, vous ferez ça avec votre mère… »

Papa aura lutté quatre longues années avant de mourir, terrassé par le crabe.

*

Heureusement, pas le temps de souffler. Dès la rentrée, je m'inscris en Maths Sup.

Une année intense, qui s'amorce par un jeu de massacre. 50 étudiants au départ, 40 seulement au bout d'un mois. Mon premier contrôle de maths porte sur un test d'algèbre sur les anneaux et les corps. J'obtiens 1 sur 20 ! La moyenne de la classe est 3 sur 20.

Mais je ne me plains pas. Car mon petit boulot chez le transporteur m'aura ouvert les yeux sur la pénibilité de certaines tâches. Dans ma tête, le choix est fait : plutôt transpirer sur des exos de maths et de physique, que traîner des téléviseurs au 6e étage !

Avec le recul, ces trois années intenses s'apparentent à un stage commando de l'intelligence. Il faut rester sur le qui-vive, se montrer capable de placer la barre toujours plus haute pour résoudre de nouveaux problèmes en mathématiques, physique ou chimie. Chaque semaine se ponctue de contrôles, d'exercices qui se transforment en énigmes. Il faut tenir bon. Et je m'accroche.

À la maison, je dispose maintenant d'une chambre pour moi seul. Des conditions indispensables pour me concentrer sur des études qui ne me laissent pas une minute de répit. Et puisque j'aime bosser, je vais être servi.

En classe, tout est fait afin de nous faire lâcher prise. Les profs ne sont pas là pour soutenir les étudiants, mais au contraire pour semer le doute. J'ai retenu quelques-unes de leurs formules favorites : « Je ne sais où vous voulez aller en suivant cette prépa, mais j'ai des doutes sur vos capacités », voire « c'est vraiment nul, tous autant que vous êtes ». Un travail de sape qui a pour effet d'alléger les effectifs. En fin d'année, nous ne sommes plus que 35.

Maths spé, c'est un monde à part, celui de l'individualisme forcené. Tu as un problème, cherche-le dans ta tête, dans les livres. Inutile de regarder autour de toi, d'espérer la main tendue d'un copain. Lui aussi est dans la mouise, et il se débrouille seul.

*

J'ai personnellement en tête un objectif précis : devenir pilote de ligne. Je passe le concours de l'Enac, et suis reçu. Mais ma joie sera de courte durée. Une épreuve – médicale, cette fois – me renvoie vers d'autres concours. Je suis hypermétrope.

Finalement, j'intègre l'Esigelec de Rouen, une école d'ingénieur en génie électrique où j'opte pour la filière télécoms. Je vais alors vivre trois années extraordinaires sur ce campus de Rouen, parmi des étudiants venus du monde entier. Rien qu'en parlant avec eux, je voyage sans bouger !

La vie en résidence universitaire, loin de ma famille, contribue encore à élargir mon horizon. Merci à l'Éducation nationale, dont la bourse d'études m'a permis de m'envoler vers des filières financièrement inaccessibles pour moi. Sans ce précieux coup de pouce, jamais mes parents n'auraient pu payer. D'autant que mes frères et sœurs sont encore entièrement à la charge de ma mère.

Je me dois donc de réussir. Je travaille comme un fou. J'aime ça. Aucune chance ne doit passer sans que je la saisisse. Parallèlement à cette formation, je profite de la Junior entreprise de l'école pour réaliser mes toutes premières études de marché. Le port autonome de Rouen, celui du Havre m'ouvrent de nouveaux champs d'expérimentation aussi passionnants que formateurs. Et ce n'est pas tout : en troisième année, je m'inscris en DEA de méthode informatique et système industriel. Chaque semaine, ma troisième année d'école d'ingénieur se partage entre deux jours à l'université de Versailles avec un professeur exceptionnel et trois jours à Rouen. Extraordinaire, inoubliable !

Chapitre 3

Les petits boulots d'été vont perdurer, mais j'en ai fini avec ma carrière de déménageur. Mes choix se portent sur des jobs nettement moins « physiques » et plus variés. En trois ans, je passe du rayon surgelés chez Auchan au service informatique du Crédit Lyonnais, pour atterrir enfin à la gestion des eaux de pluie à Rosny-sous-Bois. Une dernière étape qui va tracer mon avenir professionnel.

Car en 1996, j'effectue un stage de 6 mois comme ingénieur à France Télécom, rue de Bercy, à la direction technique internationale. Mon salaire est de 4 000 francs par mois. Une période extraordinaire. Je passe le plus clair de mon temps à résoudre des problèmes de réseaux internationaux. Mes deux patrons ont un profil idéal pour le blanc-bec que je suis : une tête bien pleine et un bon sens paysan qui rassure. Deux X-Télécoms, pétris d'une rare épaisseur humaine. Je les admire et ils me le rendent bien.

Un jour, je reçois un appel :

— Vous êtes qui ?

— Je suis Vincent Talaouit. Je travaille au service des réseaux internationaux, comme stagiaire…

— Mais qu'est-ce que vous foutez de vos journées ! Vous avez la note de téléphone la plus élevée de tout le service !

— Ben oui, mais c'est le boulot…

J'en réfère à mes chefs, qui me rassurent :

— Laisse tomber, on s'en occupe…

Ce stage reste gravé dans ma mémoire. Un souvenir fort. Je suis de tous les pots organisés par la boîte, de toutes les fiestas. Tant sur le plan humain que professionnel, c'est formidable, inespéré. Je bosse parmi des passionnés et j'en suis un, moi aussi. Des patrons comme ceux-là donnent envie de se surpasser. « Il a faim », disent mes supérieurs hiérarchiques. Et ils me nourrissent à coup de missions variées et nombreuses. Je fonce tête baissée. Je me sens bien et souhaite qu'ils le sachent.

Tout marche si bien entre nous que, six mois plus tard, ils me proposent un CDD. Mais il y a un « hic » : le service militaire, qui, en 1997, demeure une étape incontournable. J'envisage alors de profiter de l'aubaine pour filer aux États-Unis, afin d'effectuer mon service national en coopération, au siège de France Télécom New York. Mais d'autres se sont jetés sur cette filière dorée, et je me fais griller la place. J'ai dû finalement me contenter de la Belgique, de la grande et belle entreprise Yves Rocher. Durant mon service militaire, pendant deux ans, je serai responsable informatique de la filière belge.

À mon retour, il faut relancer la machine. J'envoie quelques CV, et suis très vite recruté par Expertel Consulting, une filiale de France Télécom. Je décroche mon premier CDI de consultant, guidé par des responsables qui ont de la bouteille. Instructif, mais pas assez stimulant à mes yeux.

Un mois plus tard, j'intègre la direction commerciale de Transpac, une autre filiale de France Télécom, en tant qu'ingénieur commercial.

Là, je découvre *Star Trek* en temps réel. C'est une première, en effet : jamais je n'ai vu traiter des télécoms à un tel niveau. Je soutiens quatre ingénieurs d'affaires avec les plus gros comptes de France Télécom. Je suis en contact avec des clients qui bénéficient de milliers de routeurs et font appel à notre compétence pour tester leurs installations. Parmi ces grandes pointures : EDF, le Crédit Lyonnais, Cisco, et France Télécom, bien sûr. Le pied total ! Impossible de ne pas participer à une telle aventure. J'exerce mon métier tel que je le conçois : faire partie des meilleurs en recherche-développement, et partager cela avec les autres partenaires industriels et clients passionnés.

*

Dans ma vie personnelle, en revanche, c'est la catastrophe. Sans même en avoir conscience, je consacre tout mon temps au boulot et ne vois plus rien d'autre. Je suis sourd, aveugle. Même ma charmante compagne devient transparente. Elle m'avertit pourtant de toutes ses forces : « Vincent, tu nous négliges, attention. » Et elle va bientôt crier : « Tu me négliges... » Mais je ne l'entends déjà plus. Comme la position de leader de Transpac seule accapare mes pensées, retrouver celle qui partage ma vie devient, hélas, secondaire.

Elle est kiné, exerce son métier en milieu hospitalier. Quand elle termine sa journée, elle espère rejoindre son compagnon… moi, qui n'est jamais rentré. Or, à mes yeux, ce qui compte, c'est Transpac Le reste, tout le reste, m'apparaît dérisoire. C'est un peu comme si l'équipe et moi étions investis d'une mission divine. Avec mes collègues, on se monte la tête, on bombe le torse… On s'égare : « Si les gens communiquent c'est grâce à nous, s'ils échangent des messages c'est parce que nous leur fournissons des outils ; dans le commerce ou la finance internationale, les traders travaillent grâce à nos recherches. »

En d'autres termes, cela s'appelle « péter un plomb ».

La piscine m'offre un rare moment de détente que je m'accorde chaque vendredi avec ma compagne. Mais je reste un drogué du boulot. Impossible de décrocher. Même quand je suis censé penser à autre chose, j'y pense toujours et encore. Mon addiction aux appels d'offres et aux solutions qui s'y rattachent me conduit à traîner mes gros classeurs partout. Y compris à la piscine, donc, où je traque les plus grands casiers du vestiaire capables de loger ma science en même temps que mes vêtements.

Jamais sans mes dossiers ! C'est mon *leitmotiv.* Le week-end, ils me suivent partout. Même s'il me faut prendre le métro pour aller faire une course, les big classeurs sont du voyage. Je surprends parfois le regard apitoyé de ma chère et tendre, qui ne peut contenir sa révolte : « Mais tu es un grand malade ! »

Je lui réponds par un sourire compatissant. In petto, je me dis qu'elle ne mesure pas l'ampleur de ma noble tâche : « La pauvre, elle ignore l'importance des projets sur lesquels je travaille. Il faut lui pardonner… » Ses parents, appelés en renfort pour tenter de sevrer le glouton, m'invitent pour une semaine de vacances à la mer, à la montagne. Mais je me contente d'une réponse invariable : « Désolé, je ne peux pas. Trop de boulot… » Alors ils baissent les bras, m'abandonnent à mon trip sur une moquerie qui me fait sourire : « Tu embrasseras ta boîte pour nous… »

À Transpac, je me transforme en Shiva. Bosser sur trois dossiers en même temps, jongler dans la même heure avec les plus gros clients de la boîte, n'est pas de nature à m'impressionner. Au contraire, ça me stimule. À peine m'a-t-on jeté sur une de ces missions impossibles que je décide de relever le défi. Chaque challenge m'aiguillonne, chaque problème posé attise mon désir de foncer. Et la reconnaissance de mes pairs suffit à mon bonheur…

Heureusement, d'ailleurs, car ma compagne n'a plus seulement un sourd dans sa vie, le zombie de son existence devient également aveugle. Nous ne faisons bientôt que nous croiser, et même quand je la vois… je ne la vois plus. Le rythme est si soutenu que je quitte l'appartement très tôt le matin, alors qu'elle émerge à peine, pour ne rentrer que tard le soir, quand le sommeil a eu raison de sa patience : lasse de m'attendre, elle s'est endormie.

*

Je ne pose alors aucun regard objectif sur ma propre vie. Le seul éclair de lucidité me porte à demander une augmentation, légitime à mes yeux, compte tenu de ce que je donne à la boîte. La réponse de notre nouvelle patronne va brutalement m'ouvrir les yeux :

— C'est un honneur pour toi de travailler pour ces clients prestigieux.

Autrement dit, mon augmentation, je ne suis pas près de l'avoir.

Ce soir-là, j'ai du plomb dans les semelles en regagnant notre minuscule appartement. Je me dis que je fais fausse route. Plus j'en fais, plus on m'en demande. On exploite ma fierté d'appartenir à cette entreprise. Et notre business girl ne nous quitte plus de toute la sainte journée. Mais pour atteindre quel but, au final ?

Côté vie privée, je commence – enfin – à cligner des paupières. À me mettre à la place de celle qui a fait le choix de partager ma vie. Elle a quitté Rouen pour me rejoindre à Paris. Pour moi, elle a fait le sacrifice du job passionnant qu'elle exerçait alors, comme kinésithérapeute, dans un service où elle pouvait explorer les toutes dernières techniques de son métier. En région parisienne, elle s'est retrouvée dans un service hospitalier au sein duquel la kiné est la cinquième roue du carrosse. Je réagis, donc.

Mais à contretemps. Trop tard. Alors que je songe à fonder une famille, celle qui aurait pu devenir ma femme décline l'offre :

— Je ne me lance pas dans un tel projet avec toi. Je n'ai pas envie que notre enfant voie le « monsieur du soir ».

En un instant, tout s'écroule. Quelques jours plus tard, elle me quitte.

Sur le coup, je ne ressens qu'une blessure profonde. Moi aussi, j'ai le sentiment d'avoir investi dans notre couple. Pour être auprès d'elle, j'ai renoncé à un poste en Angola, et avant notre installation en région parisienne chez Elf, j'ai effectué chaque semaine un Bruxelles-Rouen en train pendant mes deux années de service militaire.

Je ne comprends pas son départ. Il n'y a pas si longtemps encore, on faisait des projets, on a même changé d'appartement, avec une chambre prévue pour le premier « piou-piou ». Mais il y a quand même belle lurette que j'ai perdu le contrôle de notre duo, et mon acharnement à m'investir pour le compte d'une entreprise qui n'en a cure, aura finalement signé mon arrêt de mort. Aujourd'hui, avec le recul, je mesure les dégâts causés par ma surdité, mon aveuglement… Mon égotisme.

*

Mes deux années chez Transpac seraient sûrement restées un excellent souvenir, si elles n'avaient fichu en l'air ma vie sentimentale et… débouché sur une impasse. Tout commence par une mainmise

– progressive mais sûre – de France Télécom sur la société, et ma prise de conscience quant à la mission véritable de notre patronne, Frédérique[1] : commencer à faire le ménage. Déjà…

Trois faits, anodins, en apparence, m'ont convaincu de fuir.

Le premier, c'est une réunion du staff à laquelle je ne suis pas invité alors qu'il le faudrait. Je brave l'interdit, mais notre directrice passe un coup de fil au big boss, qui vient en personne me demander de regagner mon bureau, comme on gronde un enfant.

Le deuxième, c'est le comportement étriqué, pour ne pas dire puéril, de ma supérieure hiérarchique, dont les remarques s'apparentent aux coups de sifflet d'une cour d'école. Comme ce jour où elle débarque dans l'open space :

— Vincent, tu vas me retirer ce que tu as collé sur les cloisons vitrées de ton bureau.

— Mais c'est la charte éthique du groupe et les valeurs de Transpac…

— Tu vas me retirer ces affiches, on a besoin de lumière pour voir les boutons de l'ascenseur, réplique-t-elle, agacée.

Ces mots sont d'une telle bêtise que je les juge insultants :

— Justement, il y a trop de va-et-vient devant l'ascenseur, et j'ai besoin de m'isoler. De toute façon, l'ascenseur est éclairé par des néons.

Frédérique plante son dernier clou pour arracher le dernier mot :

1. Le prénom a été changé.

— La lumière naturelle est bien meilleure.

Le ridicule ne tue pas, sinon elle serait morte ! Ce type de discussion me navre d'autant qu'elle gravite à des années lumière de nos travaux, et de leur importance stratégique.

Une troisième chicanerie – une de trop – fait soudain déborder un vase déjà trop rempli. Une collègue vient me voir un jour et me dit :

— Je vais prendre ta lampe halogène, je n'y vois rien dans mon bureau.

— Et moi, je fais comment ?

— Toi, tu as la lumière du jour…

— Et quand le jour tombe, et en hiver ?

— Écoute, j'ai vu notre patronne pour obtenir une lampe et elle m'a dit de prendre la tienne.

L'argument, imparable, me laisse sans voix. Mais c'est la maternelle ici ! Une classe enfantine des années cinquante, pour être précis. Il ne manque plus à notre chef qu'une règle pour nous taper sur les doigts. Vite, il me faut ranger mon plumier, mon ardoise et… prendre la tangente.

*

Sonné, je vais m'asseoir sur un banc du parc voisin, le regard fixé sur les moineaux qui terminent mon sandwich. Impossible de déglutir. Impression étrange, soudain, d'avoir plus à dire aux volatiles qui gravitent autour de mes semelles qu'au personnel de la boîte.

Je reste ainsi quelques dizaines de minutes. Quel vent de folie souffle sur notre entreprise ? Qui sont ces managers qui nous traitent comme des gosses immatures ? De qui tiennent-ils leurs consignes pour saboter ainsi notre travail ?

De retour au bureau, je rédige ma lettre de démission.

Panique dans le landernau :

— Tu ne peux pas partir comme ça ! cingle Frédérique. Monte voir le DRH central pour trouver une solution.

Sans perdre une minute, je file au siège à la tour Montparnasse.

Hélas, je ne quitte pas la cour d'école pour autant. La DRH qui me reçoit me parle comme à un habitué du bonnet d'âne.

— Alors, Vincent, qu'est-ce que tu as encore fait ?

J'hallucine. Mais la DRH, elle, ne plaisante pas.

Je ne me laisse pas impressionner, et réitère ma demande initiale :

— C'est simple. Mon périmètre de responsabilités a augmenté, il faut donc m'augmenter…

— Ah ! Mais ce n'est pas si simple. Frédérique nous a parlé de toi, on a évoqué ton cas… Dis-donc, tu nous en as fait de belles quand même, on en voit de toutes les couleurs avec toi…

Comme si c'était moi, alors que je me tue au travail et donne tout à la société, qui multipliait les attitudes et comportements mesquins proches d'enfantillages ridicules.

Mais l'infantilisation ne marche pas ! Pour me manipuler, il lui faudra trouver une autre méthode.

Je ne me démonte pas :

— Écoutez, on a bien fait un avenant à mon contrat de travail, n'est-ce pas ?

Elle change soudain de ton :

— Là, tu deviens désagréable. L'entretien est terminé. Arrange-toi avec ton DRH local...

Mon audition n'a pas duré plus de cinq minutes. Si j'en juge par la manière dont elle m'a expédié, la DRH n'a guère apprécié ma référence au code du travail, qui n'était pas inscrit au menu de notre discussion. Plus tard, je vérifierai combien il s'agit là d'une constante chez France Télécom Orange, qui entretient une relation très singulière avec les textes de loi [1].

De retour à mon bureau, je suis donc reçu par le DRH du site, visiblement informé de ma furtive incursion au siège :

— Vincent, c'est compliqué, tu touches à des infos confidentielles, ça ne va pas être possible de t'augmenter aussi simplement...

— Pas de souci, voici ma lettre de démission, j'ai vu ça avec un avocat...

À peine ai-je prononcé le mot « avocat », qu'il semble piqué au vif. Il saisit nerveusement la lettre que je lui tends :

— Ok, voici le récépissé de ta lettre de démission.

Je sors du bureau sans un mot de plus.

C'est étrange, je me sens meurtri et soulagé à la fois.

1. Il est vrai que le fait que la maison comprenne des fonctionnaires avec un statut particulier et des personnes embauchées autrement complique sérieusement le droit social interne, et la maison en joue allègrement.

Meurtri, dans la mesure où nous n'en étions qu'aux balbutiements d'une révolution technologique en marche. Il y avait encore tellement à faire chez Transpac !

Soulagé, en ce sens que j'ai décidé, de ma propre initiative, de m'éloigner d'une structure en perdition, tombée aux mains de managers à l'évidence eux-mêmes en perdition. Et ce, même si mon choix a en partie été guidé par un environnement devenu irrespirable…

*

Mais pas question de prendre immédiatement mes cliques et mes claques.

J'ai un préavis de 3 mois à respecter et, dès le lendemain, je suis de nouveau à mon bureau. Mais le DRH revient à la charge :

— Dis-donc, Vincent, qu'est-ce que tu fais encore là ?

— Pourquoi cette question, qu'est-ce que ça veut dire ?

— Alors mon gars, tu vois, c'est moi qui suis ici…

Éberlué, je le regarde s'approcher comme s'il voulait s'imposer par la menace physique.

— Tu me donnes le mot de passe de ta messagerie, et tu me restitues ton portable.

— Faites venir Frédérique, ce sera le bouquet !

Il appelle la patronne du site, qui ne se fait pas prier.

Cette fois, deux pitbulls me font face, et je crains le pire. Avant qu'ils ne mordent, je passe à l'attaque :

— Madame, vos méthodes sont inadmissibles, je vais d'ailleurs les consigner par écrit…

Alertées par mes cris, deux assistantes commerciales déboulent. Elles ont bien vu que quelque chose ne tournait pas rond : je n'assiste plus aux réunions, et suis l'objet d'une mise à l'écart systématique.

Un attroupement se forme dans le couloir, à deux pas de mon bureau. Dans un réflexe propre à ses fonctions, le DRH fait sortir tout le monde, y compris ma supérieure hiérarchique. Il ferme la porte.

— Bon, ok, on va te payer ton préavis et tu ne le fais pas… Tu pars tout de suite.

Je me tais. Que puis-je faire d'autre, sinon acquiescer ?

Puis je me ravise :

— J'attends une lettre me spécifiant que je ne ferai pas ce préavis et qu'il me sera payé.

— Fais-nous confiance, on te l'envoie…

Sans rien emporter, je quitte mon bureau. Une semaine plus tard, aucune lettre ne m'est parvenue. Nerveux, j'appelle le DRH :

— J'attends toujours ma lettre…

— Tu ne l'auras pas, c'est un abandon de poste.

Estomaqué ! Furieux ! En rage. Et tout d'abord, contre moi, pauvre naïf qui ait accordé ma confiance sans réfléchir. Mais je ne baisse pas les bras, et file illico au siège de Transpac. Sur place, je squatte les alentours du bureau du DRH. J'attends qu'une secrétaire passe :

— Je veux voir le DRH…

La jeune femme aux talons qui claquent pointe son index sur une porte :

— Son bureau est là.

À l'instant même où je me lève pour me diriger vers la pièce en question, un vigile surgit pour me barrer le passage. J'ai l'impression désagréable de me retrouver, « pour de vrai », dans un mauvais film.

Heureusement, j'aperçois Aline, une copine.

— Tiens, Vincent, qu'est-ce que tu fais là ?

Je vais droit au but :

— Tu le sais bien, toi, que c'est sur leur demande que je n'ai pas fait mon préavis. Ils refusent de me l'écrire par courrier. Et je me retrouve sans salaire.

— Attends, je vais voir ça, c'est pas normal.

Aline fonce, plaide, gagne. Grâce à elle, mon préavis m'a finalement été versé.

*

Mais je sors lessivé de cette pantalonnade.

Un peu groggy, je m'interroge sur les raisons d'un tel rejet. Pourquoi s'en sont-ils pris à moi ?

À la réflexion, je pense qu'ils n'ont pas supporté mes contacts directs avec la hiérarchie de Transpac, que je n'ai pas hésité à exploiter dès que le besoin s'en faisait sentir, pour le bien notamment de mes missions.

Les collègues me disaient : « Tu es un fou, toi ! » Mais je ne les entendais pas.

À France Télécom Orange comme dans ses filiales, les règles propres à la hiérarchie ne souffrent en fait d'aucuns comportements dérogatoires. S'adresser à un supérieur n'est possible que si le groupe – c'est-à-dire, concrètement, les directeurs intermédiaires –, donne son feu vert. Si tel n'est pas le cas, mieux vaut renoncer !

De toute évidence, montrer sans cesse patte blanche ne fait pas partie de mes priorités quand il s'agit de résoudre des problèmes techniques de première importance. Certes, je m'adresse en premier chef à la hiérarchie intermédiaire, mais en l'absence de réponse, j'irai chercher la solution auprès de leur supérieur. Car, à mes yeux, le jeu en vaut la chandelle et nous sommes là non pour virer à l'administration bureaucratique digne de l'URSS, mais pour engranger le plus de brevets, découvertes, profitables à la société.

Je me souviens de cet épisode fameux qui porte sur un problème technique : trop chargés en pièces jointes, les mails que nous devons échanger ne parviennent plus à passer. La solution, dans ce cas, consiste à modifier la configuration des routeurs. Problème : pas un expert autour de moi n'accepte de s'en charger.

Je m'adresse donc directement aux multiples chefs et responsables en tout genre, et finis par appeler Cisco aux États-Unis, qui m'aidera à trouver la solution. La modification ainsi réalisée me confère un statut de star au sein de l'équipe, mais mon initiative ne fait pas l'unanimité. Certains chefaillons me tombent sur le paletot : « Vincent, tu nous fais chier, adopte les procédures habituelles s'il te plaît, on ne peut pas te suivre. » D'autres m'affublent bientôt du titre retors de « mec incontrôlable ». Mais ne sommes-nous pas dans un univers de création, où la passion et la liberté d'avancer sont essentiels aux progrès ?

Est-ce ainsi que je suis devenu une cible ? Sans doute. Si l'objectif de Transpac était de ventiler le personnel pour nous pousser à partir, on peut estimer qu'ils ont réussi. Car je ne suis pas le seul ingénieur à avoir quitté l'entreprise. D'autres ont suivi la même voie, avant et après mon départ. L'un d'entre eux ne mâche d'ailleurs pas ses mots en s'en allant pour motiver sa décision de lever l'ancre : « Je ne reste pas un instant de plus dans cette boîte. »

Lui comme moi avons décidé de tracer notre route ailleurs.

*

C'est ainsi qu'en juin 2000 je me retrouve sans femme et sans travail. Le tout sans vraiment comprendre ce qu'il vient de m'arriver… Un mois durant, je me contente de faire du sport. Nager, courir. Courir, nager. Il faut que je transpire, que je m'épuise physiquement. Le moyen le plus sûr d'évacuer le stress, de faire barrage à la gamberge. Mais les fins de mois sont sans pitié, et brûler les toxines ne renfloue pas mon compte en banque. Incapable d'honorer mon loyer, je dois bientôt rendre les clefs de mon appartement.

La maison de ma mère s'offre alors comme l'unique refuge que je consente à accepter. Partout ailleurs, je me sentirais humilié de me retrouver ainsi sous l'empreinte de l'échec. Partout ailleurs, pour qui que ce soit, je serais un loser. Pour ma mère, je suis son fils, tout simplement. Elle m'accueille à bras ouverts, le regard empli de tendresse et de sollicitude : « Ça n'a pas l'air d'aller, mon fils… »

Inutile de répondre, j'ai la tête d'un sans domicile fixe rongé par les tourments. En posant mes valises dans « ma » chambre d'étudiant, j'essuie un revers cuisant. J'ai le sentiment d'effectuer un violent retour à la case départ. C'est alors que je songe à cet ingénieur commercial de Transpac.

*

Quelques semaines avant mon départ, Alain s'aperçoit que je ne vais pas bien. Avec ses 60 piges au compteur, il ressemble à un vieil ours qui a survécu grâce à un bon sens paysan, une vertu peu répandue dans cette filiale de France Télécom Orange. Sans me donner la possibilité de me dérober, il m'invite à prendre un café :

— Toi, Vincent, ça va pas. Viens, on va parler…

Des heures durant, il me raconte son parcours, le cursus de psychologie du travail qu'il a suivi au Conservatoire national des arts et métiers, les méthodes de recrutement des commerciaux et des ingénieurs. Comment on motive le personnel. Nous prendrons ainsi l'habitude de discuter, ou, plutôt, je prendrai plaisir à écouter Alain me prodiguer ses conseils.

Ses paroles cognent à ma mémoire :

— Le comble du management, explique-t-il, c'est quand tu soumets un problème à ton chef, qui, ne trouvant pas la solution, t'envoie violemment sur les roses. Et pour que tu n'y reviennes pas, il hurle : « Je ne veux plus entendre parler de ce problème ! » Et, comme par enchantement, le problème disparaît… Il faut aussi savoir faire ça, Vincent.

Il me conseille de lire *Les prodigieuses victoires de la psychologie* de Pierre Daco. Sans trop y croire, j'achète le bouquin en question. Une vraie mine : Freud, le complexe d'Œdipe, les théories behaviouristes sont passés au peigne fin. À tel point que je le relis trois fois dans le mois, et que tout devient limpide.

*

Désormais, je sais. Je sais comment leur comportement envers moi s'est d'abord nourri de ma propre attitude envers eux. Enfin, je comprends ce qu'il m'est arrivé, et je m'en veux d'avoir été aussi aveugle et sourd.

Non seulement Alain m'a prodigué un peu de chaleur humaine au sein d'un open space qui en était totalement dépourvu, mais par le biais de ses conseils, de ses lectures, il m'a fourni les clés qui me manquaient pour rebondir.

Chapitre 4

C'est en août 2000, alors que Paris sommeille sous une chaleur étouffante, que je décide de réagir. Ma toute première ambition est de revenir à la vie. La vraie.

De renouer des contacts avec mes anciens amis, ceux que mes sessions monacales à Transpac m'ont fait perdre. En tout premier lieu, Patrick, d'origine kabyle, un copain d'enfance, mon adversaire préféré au ping-pong.

À peine nous sommes-nous retrouvés que nos souvenirs communs nous ramènent vers l'Angleterre et à cette expérience mémorable, le temps d'un job d'été.

Patrick n'a rien oublié. Il en rit encore :

— Tu te souviens, on ramassait des fraises dans un camp et on était payé avec des queues de cerises…

*

On avait travaillé dur six semaines dans ce camp, et pourtant, on n'en avait gardé aucun souvenir amer. Autour de nous, des jeunes gars venus des pays de l'Est bossaient dur pour une paie de misère, et sans couverture sociale.

Je revois encore ces étudiantes, ces enseignantes universitaires déjà mères de deux enfants, qui trimaient quelques mois pour pouvoir s'acheter une voiture.

Je suis Français et la France les faisait rêver.

Je leur parlais de Paris, et quand je sortais de ma poche un ticket de métro, ils le prenaient délicatement dans leurs mains, comme on caresse un objet rare et précieux.

Ce morceau de carton les mettait en joie.

À table, l'interrogatoire était la règle :

— Vous pouvez avoir du fromage à tous les repas chez vous ?

— Ben oui, si on veut c'est possible.

— Ah ! C'est la France… disaient-ils, avec des étoiles plein les yeux.

On partageait notre fromage, eux fournissaient la vodka « super violente » !

En l'espace de six semaines, je m'étais plongé dans un bain de fraternité que je n'oublierai pas. Et jamais, par la suite, y compris dans ma vie professionnelle, je ne connaîtrai un tel climat de solidarité.

*

Le simple fait d'évoquer ce passé avec Patrick, mon pote d'enfance, scelle nos retrouvailles.

En revanche, avec d'autres copains, des ingénieurs que j'ai connus à Rouen, notamment, la mission s'annonce plus délicate.

Je sens bien, chez certains, la réticence qu'ils éprouvent à l'idée de me revoir.

Certains ne se privent pas de me le faire comprendre, et ce dès le premier coup de fil :

— Qu'est-ce que tu étais chiant à l'époque ! Il n'y en avait que pour ton boulot, et on n'en avait rien à foutre. En dehors de ton travail, on ne savait pas qui tu étais…

— Je sais, j'étais puant, mais c'est fini ce temps-là…

— Ah bon… Eh bien, si tu veux on peut prendre un verre.

Peu à peu, je reconstitue mon cercle d'amis. Ceux que j'ai lâchés à l'époque de ma montée en puissance à Transpac m'attendent au tournant :

— Tu te rends compte, Vincent, tu n'étais même pas associé dans cette boîte et tu te comportais comme un chef d'entreprise, tu bossais comme un damné. Atterris, mon vieux, tu es malade ! Va bosser dans une start-up, crée ta boîte, au moins tu travailleras pour toi, tu t'épanouiras ! Donner ton énergie à une boîte qui n'a rien à foutre de toi ne sert à rien.

Je ne proteste pas, ils ont raison. Je me suis comporté comme un naïf, aveuglé par mon désir de découvrir des horizons nouveaux, et flatté, sans doute, par les responsabilités importantes qui m'étaient confiées.

En ne parlant plus seulement à mon ordinateur, en renouant avec ceux qui s'étaient éloignés, en me remettant à vivre, je retrouve aussi Greg, un ancien de l'école d'ingénieurs, aujourd'hui pilote de ligne, ce métier qui me fut interdit en raison de ma myopie.

Greg est un de ces bons vivants qui vous booste, et ce dès le premier contact.

Après un verre, préliminaire bien normal après tant d'années d'absence, il me lance une première invitation :

— On va faire un bowling avec des potes, tu viens ?

Suit un dîner, rituel très prisé des Parisiens bien installés dans leur vie. Une épreuve autrement plus délicate pour moi, l'ancien ermite. Mais je réprime ces craintes infondées, puisque chacun paraît sincèrement apprécier mon retour parmi les vivants.

*

C'est au cours d'un de ces dîners que j'aperçois Lorène pour la première fois. Je la regarde, je l'écoute, et dans l'instant, tous les autres convives disparaissent. Un éblouissement.

Mais comment la revoir ?

Je me tourne vers l'hôte principal de la soirée :

— Tu connais Lorène ?

— Oui, je peux te la présenter si tu veux.

— J'aimerais bien…

Je reviens de si loin que je me demande si je vais savoir l'aborder. Lui faire la cour, bien sûr… mais en évitant qu'elle ne prenne ses jambes à son cou ! Je me lance un défi : me retenir de lui parler business, sujet sur lequel je suis intarissable et qui risque très vite de l'ennuyer. Ma passion pour les télécoms est un sujet peu romantique, j'en conviens, et je me dis qu'on ne tombe pas amoureux d'un « wireless access protocol » !

En jeter plein la vue à une ingénieure en informatique serait pourtant assez tentant, mais, cette fois, je décide de troquer mon costume de guerrier fou de boulot contre celui, plus inhabituel, d'amoureux transi. Et c'est moi qui l'écoute.

Durant notre premier rendez-vous, je me demande sans cesse si je vais parvenir à m'affranchir du formatage subi dans le monde de dingues où j'ai longtemps vécu et qui m'a rendu inaccessible aux yeux de mes amis. Vivre et parler « geek » étant un parfait isolant, je crains de ne plus trouver les mots de tous les jours, ceux qui permettent aux hommes et aux femmes de communiquer simplement. Bref, retrouver le « Vincent d'avant les fous » n'est pas chose aisée.

Avec Lorène, je tente pourtant le tout pour le tout. Pour contrer mes obsessions, je ne parle que de ce que j'aime faire quand je quitte le bureau. Quitte à en rajouter un peu sur mes visites au Louvre ou au musée d'Orsay. Je sais que je prends un risque, qu'il m'est impossible de deviner si ce que je dégage pourra lui plaire. Mais tant pis, je me jette à l'eau.

Le projet de vie que j'ai lamentablement sacrifié, quelques années plus tôt, reste un objectif fondamental. Ce soir-là, pour mon plus grand bonheur, Lorène est restée. Et elle acceptera de me suivre sur mon chemin.

*

Un soir de cet été 2000, je complète mon curriculum vitae et décide de l'envoyer à un cabinet de chasseurs de têtes via Internet.

Tout s'accélère, alors, et je suis bientôt en contact avec un opérateur qui, dès notre première rencontre, me lance :

— J'ai de très gros projets pour vous monsieur, de dimension planétaire !

Son nom : « MCI Welcome », opérateur américain qui entend imposer le haut débit à une multitude de clients, sur toute la planète. Il m'engage illico et, en un seul clic, je me retrouve au sein d'une équipe de jeunes enthousiastes venus d'Angleterre, d'Allemagne, d'Espagne et d'ailleurs.

Enfin, je revis. Enfin, cette fois, la vitesse d'exécution est érigée en vertu. Et j'adore ça. Nous travaillons avec le monde entier, je prends un pied phénoménal. Et comme j'ai lu dans le Daco de ce cher Alain qu'une fusion avec maman, à mon âge, est potentiellement dangereuse, je m'installe vite dans un nouvel appartement.

Les gars qui m'entourent sont tous ingénieurs, mais ils ont aussi accompli, en prime, ce que j'appelle « l'école sup du tournevis ». En d'autres termes, aucun technocrate ne sera bombardé à la tête d'une équipe s'il n'a fait ses preuves en amont.

Chacun à notre tour, nous sommes d'astreinte pour reconfigurer tel ou tel réseau. Nos mains comme nos neurones sont mobilisés à chaque instant : la fibre, le routage, Internet, le dépannage des clients avec lesquels nous sommes en prise directe.

Je voyage aussi dans toute l'Europe, porté au chevet des problèmes de réseaux… et me retrouve ainsi en concurrence directe avec France Télécom

Orange, source collatérale de mes malheurs précédents. À moi de tout faire pour les tacler !

Bonheur furtif. Six mois à peine après mon arrivée chez MCI, je m'en vais déjà. La routine, ce mal qui ronge les enthousiasmes, a supplanté les projets pharaoniques du patron, et on ne fait pas mystère du transfert prochain de toute l'ingénierie en Allemagne et en Grande Bretagne. Aucun regret dans cette décision : six mois encore après mon départ, toute l'équipe basée en France se voit licenciée. Un retour à la case départ en ce qui me concerne, mais qui n'est pas de nature à me décourager. Justement, j'apprends qu'un salon de l'emploi se tient à la Défense, et j'y vole, une pochette pleine de CV.

*

Un des exposants m'informe que France Télécom mobile dispose d'un fort potentiel, et m'indique son stand.

Je me présente, et encore une fois tout s'accélère. Dès le lendemain, je rencontre le patron d'Orange mobile. Un homme à la crinière blanche, souriant, affable. C'est la fin de l'année et je me demande si je ne viens pas de croiser le Père Noël en personne ! Incroyable, la chance aurait-elle tourné ?

Tout de suite, je me sens à mon aise aux côtés de ce vrai terrien, qui n'est pas sans évoquer, chez moi, ce sang de montagnard kabyle hérité de mes grands parents et qui coule plus que jamais dans mes veines. Il jette un coup d'œil à mes références et va droit au but :

— Ce que vous avez fait chez Transpac, on a plus gros ici.

Je lève les sourcils.

— Et qu'est-ce que c'est ?

— Le premier portail Internet sur le mobile.

— Et vous voulez que j'y participe ?

— Oui.

— C'est bon. Je signe où ?

Une semaine après, je suis opérationnel. Et je crois encore plus au Père Noël quand j'apprends que nous sommes en concurrence avec Transpac. Cette fois, je tiens une petite revanche. J'ai envie d'aller toujours plus vite et d'entraîner tout le monde sur ma route.

Tout accomplir le plus rapidement possible, telle est ma priorité pour prendre la tête de ce secteur, porter l'entreprise au plus haut, devenir leader. Ce projet de portail Internet en matière de téléphonie mobile est un challenge excitant !

Problème, mon supérieur hiérarchique direct – pas le big boss vu au salon – trouve que je vais précisément… trop vite. De sa voix nasillarde, il tente de freiner mes ardeurs :

— Vincent, tu dois suivre la procédure…

— Mais c'est souvent une perte de temps…

— Oui, mais c'est la procédure…

— OK, OK…

Je peux faire comme je veux, au rythme de mon choix, celui que j'estime le plus efficace pour la boîte… mais uniquement quand mon manager s'absente du bureau. Une âme de rebelle ? Non, l'énergie pour tailler des croupières à la concurrence, avancer avec des employés passionnés et fiers d'œuvrer à un projet phare dans une société majeure, travailler au bien de tous, en somme. Bien entendu, lui ne tarde pas à s'apercevoir de cette énergie débordante et, tel un gamin dont on vient de piquer le goûter, s'en va geindre dans le bureau de notre patron. Qui accourt :

— Il n'y arrive pas avec toi, il dit que tu vas trop vite…

— C'est pas ça, Claude, lui il bloque chacune de mes propositions sous prétexte que je dois suivre la procédure.

— Tu es bien chef de projet, aujourd'hui ?

— Oui…

— Bon. Pour supprimer les problèmes de hiérarchie entre vous, je te passe à son niveau.

Est-ce cette promotion rapide, ou ma cadence hors norme qui déstabilise ensuite l'open space ? Toujours est-il que je sens monter, auprès de quelques coéquipiers moins motivés que d'autres, une certaine crispation, pour ne pas dire un peu d'animosité. Dans leur bouche, cela se traduit par une formule teintée de jalousie qu'ils utilisent tel un bouclier, dès qu'ils sont à court d'arguments : « Vincent, tu fais chier… »

Pour le bien de tous, me voici affecté à un projet à très long terme, IMS, ciblé sur le transport de la voix via Internet, « la » révolution du cœur de réseau. Je passe alors le plus clair de mon temps au-dessus des nuages, à plancher sur cet IMS, concept qu'il m'appartient de faire passer de la théorie à la pratique. Je tisse des partenariats avec Siemens et Nokia. Une initiative suspecte aux yeux de quelques collègues pantouflards : comment ai-je réussi à mobiliser de telles pointures ? Je fais la sourde oreille et laisse dire.

*

Je voyage sans cesse, Lorène commence à se lasser un peu, mais désormais je sais relâcher la pression quand il le faut. Pour la première fois de ma vie, je prends des vacances. Mon amie a de la famille en Bretagne. Je découvre le cap Frehel, en tombe amoureux. Les joggings en bord de mer, les balades au pied des falaises sauvages sont les bienvenus à mes heures de détente, et le 100 % boulot que je fus parvient désormais à lever le pied pour se laisser porter par des moments enchanteurs : contempler l'océan au couchant, quand un soleil rouge incendie le fameux Fort-la-Latte et vient illuminer l'homme de pierre à jamais immobile, le regard fixé sur les vagues.

Il y a donc une vie à côté des télécoms, et j'apprécie les revigorants shoots d'iode, même si l'accro au boulot que je demeure ne peut se passer totalement de son ordinateur. La nuit, quand Lorène dort, à l'image d'autres addicts d'informatique, je me lève parfois pour bosser. Pas dupe, elle me décoche une flèche à son réveil : « Arrête tes conneries, Vincent. » Heureusement, je ne parle jamais de mon travail avec elle, ce qui évite de polluer nos journées, et je parviens ainsi à maintenir, le temps des vacances, l'équilibre entre travail et loisirs.

Dès mon retour à Paris, je reçois une remontrance :

— Les gars de la Recherche & Développement de France Télécom, ceux du labo DMR, commencent à ruer dans les brancards… Ils t'accusent de vouloir porter tout seul tes projets.

— Mais vous savez que c'est faux ! Je suis loin d'être seul à bosser sur ces sujets-là !

Ces attaques me surprennent, car j'ai plutôt de bons rapports avec certains de mes collègues en R&D. Mais, hélas, j'apprends que, pour d'autres, je suis devenu une bête noire. La remarque d'un copain achève de me convaincre : « Dans ce labo, tu es "black-listé". » C'est-à-dire le mouton noir, celui qui détonne et que l'on rejette parce qu'il en fait beaucoup. Je dois avouer entendre cette réflexion régulièrement : « Toi, tu es différent, tu es bizarre. » Signe que, de leur point de vue, je ne suis pas des leurs. Vivre pour son boulot n'est pas la norme.

En 2000, sur les conseils d'un ami, j'accepte de passer les tests Mensa, que l'on soumet, sous forme de jeux, au club des QI élevés auquel on prétend que j'appartiens désormais. C'est par ce biais que j'ai pu mesurer, chez ces « surdoués », le décalage très important qui préside entre le bouillonnement des idées et l'affect. Entre l'enfant précoce, qui réclamait de l'attention, du temps, et l'adulte qu'il deviendra, éternel incompris qui aura le sentiment de vivre en marge. Suis-je un Mensa ? Le parallèle est saisissant. Pour moi, le temps qui passe ne fera rien à l'affaire. Tout va se déliter peu à peu.

*

En 2002, j'intègre le centre d'innovation, une structure indépendante qui officie dans le domaine de la recherche pour le compte de France Télécom et qui, de ce fait, entre en concurrence avec le département Recherche & Développement de cette même entreprise.

Avant même de mettre un pied dans leurs bureaux, ma réputation est déjà établie. Pierre-Charles[1], le responsable du Centre d'innovation, souriant, n'y va pas par quatre chemins : « On sait que tu prends les problèmes à bras-le-corps, on a besoin de toi. » J'ignore à cet instant s'il s'agit totalement d'un compliment, mais je le ressens comme tel et je fonce. On me branche immédiatement sur IMS, le but étant de déployer de nouveaux services sur le mobile.

L'innovation rapporte de l'argent, quand, a contrario, la recherche en dépense. Je m'efforce donc d'aller aussi vite qu'auparavant pour participer aux résultats de la boîte. Mais ces coups d'accélérateur sont, à nouveau, loin de faire l'unanimité. Quand bien même je m'évertue à faire participer chacun au projet, je provoque, sans le vouloir, des dommages collatéraux.

1. Le prénom a été changé.

Alors, j'apprends à ne pas avancer seul. Mes interlocuteurs sont tellement nombreux dans cette entreprise mastodontesque, que j'en viens à organiser des conférences téléphoniques. Chacun se sent alors impliqué, bien conscient des obstacles techniques qui existent, et des moyens nécessaires pour les contourner. Au moins ai-je l'assurance que mes chefs apprécient l'énergie positive que j'insuffle à toute l'équipe.

Je reçois même des stock-options en guise de récompense. Une première. Les lectures relatives à IMS que j'avale les unes après les autres m'éclairent sur le stade encore expérimental de nos recherches en laboratoire. Or, l'idée, c'est précisément de trouver le moyen d'adapter Internet au téléphone mobile. Et ce moyen, c'est la voix, qu'il faut à tout prix amener sur « IP ». Pas simple, certes, mais sans aucun doute bénéfique pour l'opérateur France Télécom Orange qui pourrait profiter, à l'avenir, de cette plus-value technologique. À moi de persuader mes patrons qu'il s'agit là de l'unique voie (sans jeu de mots !) possible.

Dans cette intention, je décide un jour de tester le système Skype devant un parterre de précurseurs de France Télécom, ces pointures de la maison à l'origine du réseau, du satellite, du Minitel. Cette fois, je choisis de prendre mon temps. La démonstration que je prépare ne souffre pas du moindre couac. Devant tout ce beau linge, je télécharge Skype, et passe un coup de fil à Boston, pour y joindre l'un de mes contacts averti de mon appel. Je lui demande tout de go :

— Tu sais que je ne paie pas un kopeck, là, pour t'appeler ?

Réaction immédiate des pionniers des télécoms à la française : ils verdissent ! Au contraire des vieux téléphones analogiques, reliés aux centraux téléphoniques dédiés, la voix acheminée sur IP comme « internet protocol » permet le transport de conversations téléphoniques sur tout réseau qui accepte le protocole. Jamais les « historiques » de France Télécom n'auraient pu imaginer qu'il était si simple de faire de la voix gratuite sur le web. Une découverte.

Je perçois les retombées positives de cette démonstration : à l'évidence, j'ai marqué des points, et le staff R&D du groupe est désormais convaincu qu'IMS, dernier né des labos, est vraiment à notre portée et presque opérationnel.

*

Hélas, aux yeux de certains, je pêche par un handicap insurmontable : ne pas être passé par X-Télécom. Pour les hommes de la recherche-développement du groupe, je ne fais pas partie du sérail. Comment un petit gars issu d'une simple école d'ingénieurs se verrait-il confier une telle mission ?

D'un strict point de vue personnel, la satisfaction que j'éprouve est cependant intense : ceux qui sont nos concurrents habituels n'hésitent même plus à réclamer de travailler avec nous ! C'est tellement grisant que j'ignore les quelques regards en biais jetés vers moi. Je bosse avec les chercheurs de Nokia ou Siemens. Et c'est capital. Je suis admis dans leur labo d'Helsinki et de Vienne... Mais peu d'âmes, au sein de France Télécom Orange, semblent mesurer la faveur que nous font ces géants à travers moi.

Je ne cesse de répéter en interne : « Oubliez ce que vous avez connu du monde des Télécoms, aujourd'hui ce sont des salles blanches avec des serveurs et du haut débit. » Mais on me regarde, l'air songeur, en pensant avec un brin de nostalgie aux vieux commutateurs.

Je pourrais plonger à cet instant, attraper la grosse tête. Être de ceux qui, dans la boîte, se plaignent de ne pas avoir eu la chambre qu'ils convoitaient au Hyatt de San Francisco, ce qui les prive du spectacle de la ville illuminée à travers d'immenses baies vitrées, telle une projection privée sur grand écran. Ou qui déplorent à voix haute, afin que toute l'assistance en profite, l'absence de limousine à leur arrivée à l'aéroport. Mais je me fous de tout ça. Mon objectif est simple : je veux être utile et rapide. Une vélocité technologique et commerciale qui se paie, à cette époque-là, d'un aveuglement quant au sentiment de frustration que peuvent éprouver certains de ceux qui m'entourent. J'en ai conscience aujourd'hui : durant cette période, sans le vouloir, je laisse des envieux sur le bord de la route. Plus ma hiérarchie me valorise, plus ils en prennent ombrage.

Mes chefs tentent d'ailleurs souvent de me freiner en m'alertant sur la susceptibilité de mes collègues :

— Ralentis un peu Vincent, tu vas me les énerver...

Mais je ne les écoute pas assez ni vraiment. Je suis déjà loin. Je me balade dans le monde entier afin de contacter le plus grand nombre possible de partenaires industriels au profit d'Orange. Mon objectif : faire progresser et gagner la boîte.

*

Un jour de 2003, le big boss, Claude, me fait venir dans son bureau :

— Vincent, il faut que tu prépares un topo sur IMS pour le congrès mondial du GSM de Cannes. Tu vas devoir prendre la parole, en anglais, devant un parterre de 300 spécialistes du téléphone mobile venus du monde entier.

J'ai les jambes qui flageolent. Qui suis-je pour parler à ces pontes ?

Je ne suis qu'un passionné. Jamais je n'ai suivi la moindre formation me préparant à cet exercice de haut vol. Cela va-t-il suffire à clouer le bec de ceux qui, en interne, posent sur moi un regard narquois, un regard qui en dit long : « Tu vas parler, toi, le non X-Télécom [1] ? »

Fidèle à ma ligne de conduite, je fais fi des moqueries, prêt à saisir cette opportunité formidable. Je n'ai pris aucune note en amont de cette conférence. Juste quelques repères destinés à provoquer des réactions sur d'éventuelles questions posées dans la salle. Il ne

1. Il n'y a qu'à France Télécom qu'il y a autant d'X-Télécoms. Les leaders mondiaux Vodafone, ATT, Verizon n'en ont pas dans leurs rangs.

s'agit pas, à mes yeux, de convaincre nos partenaires d'acheter un produit, mais de les éclairer sur la valeur ajoutée que peut leur apporter IMS.

D'un simple coup d'œil panoramique, je découvre la salle. Personne, apparemment, ne s'étonne qu'un gamin s'apprête à discourir devant un tel aréopage. J'ai préparé mon angle d'attaque, du genre quitte ou double :

— J'espère que vous serez indulgents avec moi c'est la première fois que je fais ça et pour tout vous avouer, en ce moment j'ai les jambes qui se dérobent. Je suis malade depuis deux jours. Mais ce que je vais vous dire s'appuie sur des expérimentations concrètes.

Gagné ! Encouragé par les sourires bienveillants qui se posent sur moi, je sens la peur s'éloigner. J'ai la salle dans la poche, et les questions fusent.

À l'évidence, ce que je dis captive l'auditoire. Juste après la conférence, je suis cerné de costumes-cravates, qui se pressent autour de ma table, *note-book* en main. Chacun y va de son « Monsieur Talaouit, c'était passionnant, j'organise un événement prochainement, pourriez-vous venir ? » Je suis en lévitation. Oui, Vincent, tu as réussi ! Cette fois, ils ont mesuré toute la valeur ajoutée, et je ne suis pas loin de retomber dans les travers du « tout pour le job » que j'ai connus à Transpac.

*

Justement, à ce sujet, ma sortie cannoise n'est vraiment pas du goût de Transpac. Mon ancienne boîte estime que le succès international de notre projet IMS lui coupe l'herbe sous le pied. Selon des échos qui me reviennent en boomerang, on juge même carrément, chez mon premier employeur, que mon travail à France Télécom mobile est une trahison.

Il me suffit, pour en avoir le cœur net, de croiser le regard peu amène d'anciens collègues venant me tourner autour quand je prends un verre dans un bar qu'ils fréquentent eux aussi. Certains me la jouent ambiance polar. Comme ces deux « ex »-collègues qui s'avancent vers moi à pas lents, le visage bientôt à quelques centimètres du mien, et qui, dans un souffle, me dégainent un avertissement :

— Tu as pris notre boulot, fais gaffe.

Je reste impassible. Leur pâle imitation de James Cagney, l'inoubliable méchant des polars américains années 30, ne m'impressionne pas. J'aurais même plutôt tendance à jubiler, en mon for intérieur, en me souvenant de tout ce que j'ai subi là-bas et de ce que je leur ai apporté qu'ils ont dédaigné.

Les deux gars l'ont bien noté, d'ailleurs, et tournent déjà les talons, l'air penaud. Cette scène d'intimidation, ils viendront me la rejouer à propos du portail Internet sur le mobile. Avec un succès aussi pâlot…

Un autre danger me guette à France Télécom mobile : mon enthousiasme, tout pour le boulot ! Selon un audit interne qui m'a repéré, je suis considéré comme un « champion » [1], un de ceux que l'on sollicite à tout instant pour telle ou telle mission délicate.

Car, comme il est passionnant de découvrir à chaque fois un autre domaine, je me régale. Un exemple ? Un gars bosse sur Java pour le téléphone mobile. Il lui faut trouver, sur ce téléphone, un espace permettant de télécharger un jeu vidéo en toute sécurité. Or, les opérateurs, les constructeurs et la standardisation ont fait d'autres choix que ce système. C'est ainsi qu'on parle de Sand Box, un espace sécurisé devenu indispensable dans la perspective de l'explosion des jeux sur le mobile. Une fois de plus, je m'éclate !

Au bout d'un certain temps, je suis rappelé à l'ordre :

— Vincent, ce n'est pas ton projet.

Je ne peux pas vraiment protester, car je ne possède aucune lettre mentionnant par écrit cette mission sur Java. J'ai maintenant bien conscience du caractère casse-gueule de ce travail de défricheur, qui m'implique sur de grands chantiers… avec, hélas, autant d'ennemis que de projets.

---

1. Terminologie employée par les cabinets de conseil en management de l'innovation.

Témoignage

Antoine : « L'humain a été chassé et remplacé par la peur. »

Antoine a 55 ans. Il est ingénieur à Lannion, en Bretagne. Il travaille pour « Orange labs ». Mais Antoine est aussi diacre, et il le dit sans ambages : sa foi l'a sauvé. Car membre de la même communauté spirituelle, ingénieur comme lui, Didier, lui, a choisi de mourir en octobre 2009.

Pour Antoine, comme pour tous ses collègues de travail, le suicide de Didier a provoqué des réactions spontanées d'abattement, de tristesse et de colère. Le jour de l'annonce de sa mort, les 1 300 employés du site de Lannion marchent en silence. Ils ont beaucoup à dire sans doute, mais ce jour-là, ils pleurent. Car tous ont vu cet ingénieur brillant, de 48 ans à peine, mourir à petit feu dans l'indifférence.

Tignasse blanche, lunettes barrant un regard perdu, Antoine parle calmement d'une voix empreinte d'émotion de ce qui est arrivé à son collègue.

« Je suis arrivé à la conclusion que l'humain a disparu de notre entreprise, dit-il. L'objectif est simplement un chiffre, une performance, au détriment de nos qualités.

Lors des obsèques de Didier, j'ai prononcé ces quelques mots : l'humain a été chassé et remplacé par la peur et le mal-être ; l'humain, ciment de la réussite bien plus que les cotations en bourse.

Question : aurons-nous la force et le courage d'établir à nouveau, entre nous, des liens de confiance ?

En ce qui concerne Didier, on savait qu'il était en arrêt de travail, qu'il avait été hospitalisé, et ça nous avait rassurés. Enfin, il avait pris la seule décision sage à nos yeux : s'éloigner, ne plus gamberger sur son travail.

La veille de sa mort, il est venu assister à une réunion paroissiale avec sa femme Dominique. Nous avons tous été émerveillés de le voir souriant et surtout présent, alors qu'il n'apparaissait plus depuis si longtemps.

Avec le recul, l'air apaisé qu'il affichait signifiait qu'il avait pris sa décision d'en finir. C'est la dernière image que je garde de mon ami, un sourire, mais un sourire qui cachait un mal-être dont il n'était pas arrivé à se débarrasser. Mourir était devenu pour lui la seule voie pour apaiser ses souffrances.

Le choc a été immense dans toute l'entreprise. Reprendre le travail s'est avéré impossible. Juste après l'annonce de son suicide, on s'est tous retrouvé devant les portes de l'établissement, on s'est mis à marcher en longeant les clôtures. Le silence était impressionnant. Son bureau est longtemps resté vide. Lors de son enterrement, j'ai gardé une fleur que j'ai accrochée à sa plaque de porte. Je ne l'ai enlevée que lorsqu'elle était fanée.

Le plus frappant, par la suite, a été la réaction de sa proche hiérarchie. Des gens en souffrance, eux aussi, qui sont venus se réfugier dans mon bureau pour pleurer. J'ai vu ça, oui. Ils me disaient :

— Qu'est-ce que j'ai pas fait ? Qu'est-ce que j'ai oublié de faire ? Qu'est-ce que j'ai mal fait ?

Ces managers auxquels on a confié des tâches contre-nature.

Et rien ne semble devoir changer.

Lors d'une réunion avec les ressources humaines, on m'a dit :

— On va vous trouver du boulot…

— C'est du boulot tout de suite que je veux… Regardez mon bureau, il est vide… Regardez cette grille de mots croisés, c'est tout ce que je fais de mes journées, vous trouvez ça normal ?

Il ne faut pas se leurrer, à Lannion, on est tous atteints. Sur les 1 300 employés du site, la moitié ne tient que par les médicaments. Je suis passé par là ; après 9 mois d'antidépresseurs, 1 mois d'arrêt maladie, le sacrement des malades, un pèlerinage en Terre Sainte, je suis revenu peu à peu.

Tout mon entourage m'a aidé et ma foi m'a sauvé.

Aujourd'hui encore, je suis fragile, et tous les jours, c'est la boule au ventre quand je roule vers mon bureau.

Si le management pousse ses hommes dans des démarches mortifères comme celles-là, c'est dangereux et inquiétant pour la santé de l'entreprise.

Et l'idée que ces méthodes aient pu être sciemment planifiées me fait froid dans le dos. »

Chapitre 5

Est-ce pour me persuader que je suis un élément d'avenir ? Veut-on me le laisser croire ? Toujours est-il que je me retrouve embarqué dans le ballet des formations destinées aux managers de direction du groupe. Les premiers stages débutent en 2002, et me confrontent à d'étranges méthodes par lesquelles nous apprenons à cibler nos actions sur le baromètre de la Bourse et, par conséquent, à tenir le gouvernail de nos initiatives au regard de la valeur de l'action France Télécom Orange.

Si l'action France Télécom va, tout va. Si elle pique du nez, même légèrement, les témoins virent au rouge. Et chaque matin, l'hystérie en vient à nous guetter. Souvent, je laisse échapper un cri : « Merde l'action baisse ! Vite, il faut que je réagisse. »

En fait, les fluctuations boursières du titre France Télécom Orange obéissent à des règles beaucoup plus complexes. Mais les formations que nous recevons existent pour nous faire croire le contraire. Par ailleurs, très vite, je comprends que je ne peux espérer être entendu de mes supérieurs qu'à la stricte condition de parler leur langage.

En cette année 2002, je suis également une formation de managers dont le slogan est dépourvu d'ambiguïté : « Ce séminaire n'est pas pour les managés ! »

Le but : être capable de dynamiser une équipe de manière transversale, au-delà, donc, de l'open space de chacun. Le but est de « faire faire », en unifiant toutes les composantes de la recherche et de l'innovation.

En parallèle, on nous apprend à émettre une critique, l'objectif annoncé étant alors de créer d'abord l'empathie, avant d'exprimer la critique. Nous venons ainsi de faire connaissance avec la technique dite du DESC : D comme description, par exemple : « Tu as un pull noir » ; E comme Expression : « Moi je trouve ça triste le noir » ; S comme suggestion : « Tu devrais peut-être envisager de t'habiller autrement qu'en noir » ; C comme compromis : « Tu en penses quoi ? »

Décliné au quotidien, le procédé confine à la manipulation, en ce sens que l'on simule une empathie que l'on ne ressent pas. Mais la méthode fait pourtant bel et bien partie du paquetage du manager engagé sur le front d'une guerre économique, une guerre dont on nous dit qu'elle s'annonce terrible et douloureuse.

Sans parler des emprunts à la psychanalyse et à la psychologie cognitivo-comportementale. Les formateurs nous transmettent leurs recettes sans états d'âme, pour que le travail se fasse sans que nous, managers, ayons besoin de le demander correctement. C'est ce qu'on appelle le management « *transverse* ». Ils ont oublié que « science sans conscience n'est que ruine de l'âme ».

*

Les premiers temps, j'avoue que ça m'a servi. Dans un centre d'innovation qui cherche alors sa place, voire sa légitimité au sein d'Orange, ce type de méthode peut marcher.

Mais le climat se dégrade. Fin 2003 et dès le début de l'année suivante, chacun sent très bien que l'on va peu à peu nous couper les ailes. On taille dans le budget, sur tous les fronts, et l'existence même du centre de Recherche & d'Innovation est menacée. C'est alors que nous voyons débarquer, tel un oiseau de mauvais augure, Cédric Paroust [1], un type sans charisme dont le regard, introuvable, s'abrite derrière des lunettes austères. Issu du moule X-Télécom, Paroust arrive dans les bagages de Didier Lombard avec une mission claire en trois volets : réduction des coûts, rationalisation de la Recherche & Innovation, gestion des carrières.

À son arrivée, on ne sait rien de lui, sinon qu'il est en passe de devenir Directeur technique d'Orange, après avoir vu partir un homme qui dirigeait la recherche-développement et était en droit, à ce titre, d'espérer le poste.

1. Le nom et le prénom ont été changés.

Paroust lance des comités tous azimuts : comité marketing, stratégique, d'évaluation. Ces structures disparaissent aussi soudainement qu'elles sont apparues, pour ressurgir, comme par magie, quelques semaines plus tard. Le plus clair de notre temps défile ainsi en réunions, puis en notes de synthèses qu'il nous faut rédiger. Et la recherche et le développement, dans tout ça ?

Pris dans ce tourbillon des meetings, nous ne percevons pas le danger qui nous guette : noyés sous les réunions et les rapports, nous ne trouvons plus le temps de poursuivre nos recherches. Résultat : coupeur de budgets – et de têtes – démontrer que nous ne servons à rien, comparés à nos alter ego du service recherche & développement de la maison mère.

Au centre d'innovation, Paroust s'avère aussi imprévisible que sa stratégie est floue. Au départ, il n'est pas question, pour nous, de faire un quelconque procès d'intention à notre nouveau patron. Et nous nous efforçons, tant bien que mal, de suivre ses instructions, même ni nous n'en comprenons pas vraiment le sens. Il y a un tel turnover dans la structure, on a vu tellement de managers défiler avant lui, que la seule question qui nous préoccupe est de connaître la date de son départ.

Mais Cédric Paroust reste, et il nous dévoile bientôt l'un des points stratégiques de son plan d'allégement : ne conserver qu'un seul département « Recherche & Innovation », sur les trois équipes implantées à Boston, Londres et Paris.

Ce département sera baptisé « *corporate* ». Il sera au service de tout le groupe France Télécom et composé de personnels issus de toutes les filiales du groupe.

*

Au sein de notre propre staff de quinze personnes, ça bouge également. L'homme à la machette crée un groupe de quatre sous-chefs. Une génération spontanée de managers pousse ainsi comme par enchantement !

Un matin, je croise un copain avec lequel j'ai l'habitude de discuter durant les pauses. Et l'aborde avec le sourire :

— Salut, on va boire un café ?

— Non, pas le temps. Je t'annonce que c'est moi qui gère tous tes budgets maintenant.

— Hou là !

Il était plutôt chaleureux, il est devenu froid. Sans doute a-t-il appris à ne plus sourire, et il y parvient à merveille. Le ton est sec, sans appel :

— À partir de maintenant, pour tout ce que tu entreprends, tu me demandes un feu vert…

Me voilà donc obligé de remplir une demande d'autorisation à tout bout de champ, y compris pour négocier avec le service achat d'Orange. Or, systématiquement, ma demande est rejetée :

— Ta feuille est mal remplie, y a pas la date, ni le nom de ton contact. De toute façon, il faut qu'il passe par moi et qu'il m'appelle.

— Mais pourquoi faut-il qu'il t'appelle ? Tu ne connais pas le sujet, tu vas faire foirer l'affaire.

— Ça te regarde pas, c'est moi le chef…

Et il met ainsi son veto à deux projets, dont l'un porte sur une offre de Recherche & Développement gratuite, formulée par un de nos fournisseurs. J'ai la conviction intime que le règne des sous-chefs nous entraîne vers un puits sans fond.

Inventer, produire de la plus-value pour l'entreprise sont notre raison d'être. Et pour cela, nous sommes tous motivés et performants, comme l'attestent les brevets que nous avons déposés. En revanche, cette montée artificielle, au niveau de la hiérarchie intermédiaire, de « chefs » peu compétents, contamine notre organisme vivant au point de le rendre vulnérable et sclérosé.

Peu à peu, chaque jour j'attends avec angoisse de savoir d'où partiront les prochains coups. Et de mon côté, je poursuis mon travail avec soin. Ainsi, je parviens à convaincre Motorola de signer un accord de coopération portant sur le service du téléphone mobile à distance. Là, stupéfaction : mes chefs n'en veulent pas. Je me dis que ce projet n'est sans doute pas très important à leurs yeux, qu'ils attendent mieux. Je planche alors sur le browser mobile, une vraie bombe atomique ! À l'époque, il n'existe pas d'Internet Explorer digne de ce nom sur le téléphone. Il nous appartient donc d'imaginer une page Internet sur l'écran 17 pouces d'un ordinateur, mais adaptée à la taille d'un téléphone mobile. Un pari que nous relevons avec le concours des chercheurs – tous des pointures ! – d'Opera software. Avec eux, tout se passe de manière limpide, et cette coopération *sans accrocs* constitue une révélation à mes yeux.

Pourtant, je n'oublierai jamais la réaction de mes patrons : « Ce n'est pas ton idée, mais NOTRE portail qui va nous permettre de vendre du contenu. »

Pas étonnant, au regard d'une telle remarque, si l'iPhone d'Apple fait aujourd'hui courir tout le monde derrière lui.

Cette politique absurde n'est pas sans conséquences directes sur nous, les équipiers. Progressivement, la recherche se meurt, et nos collaborateurs s'évanouissent dans la nature, sans laisser de trace.

Résultat, les 35 bureaux réservés à notre équipe se vident les uns après les autres, et ce, du jour au lendemain, sans que nous sachions ce qu'il est advenu de celui qui l'occupait. Nos effectifs fondent : de 35, au départ, nous sommes passés à 20, puis à 15, puis 10…

Témoin de l'hécatombe, la liste de plus en plus clairsemée des participants convoqués par mail pour participer aux réunions. Un vrai diagnostic de survie que ces mails d'invitation : celui qui n'en reçoit plus peut préparer son bagage… Il se sait condamné ! Une méthode diabolique, aussi cruelle pour ceux qui partent que pour nous, les rescapés, qui nous demandons chaque jour : « À qui le tour ? »

*

J'ignore comment les autres vivent ces moments-là. S'ils osent rentrer chez eux, le soir, avec, dans leur sacoche ce fardeau que représente une mort professionnelle annoncée. Ou si, comme moi, ils dressent une cloison étanche entre travail et vie privée. Éviter de reproduire les erreurs du passé, telle est ma ligne de conduite à la maison. Je tais mes problèmes, et aussi mes angoisses.

Seul signe de fébrilité : l'éternelle pile de dossiers que je rapporte le week-end.

Lorène me voit trimer et intervient de temps à autre :

— Dis-donc, tu t'arrêtes quand de travailler ? On a autre chose à faire, non ? Et puis d'abord, tu es payé en heures supplémentaires pour ce travail ?

— Non, mais c'est un projet passionnant.

Car, dans cet environnement en déliquescence, ma passion me préserve et je garde le cap malgré les vents mauvais. La nuit reste mon refuge. En général, j'attends que Lorène s'endorme. Je suis passé maître dans l'art de me glisser hors des draps sans la réveiller, de sauter en silence dans mes chaussons pour avancer dans le noir jusqu'à la salle de séjour où je peux allumer une lampe. Et retrouver ce cher computer !

Entre minuit et 3 heures du matin, je me sens bien. Je me sens libre. Je consulte des fiches techniques, des brevets, toutes ces lectures indispensables devenues impossibles au bureau, où je passe mon temps en réunion quand je ne rédige pas des mails par centaines.

Mais je m'accroche. J'ai la confiance des meilleurs cerveaux officiant pour les constructeurs les plus performants de la planète, et cela me permet de tenir. Pas un jour je ne suis bloqué dans mon élan, même quand les décideurs de France Télécom Orange me lancent : « Votre projet est trop stratégique pour nous, il ne donnera donc pas lieu à une exploration… » De quoi démotiver les meilleures volontés.

Plus nous voyons loin, plus nous agissons vite, et plus leur refus est catégorique. Or ce genre de « *niet* » me révulse. On leur offre la stratégie de Google sur le mobile, gratuitement, avec 4 ans d'avance, et ils rejettent notre proposition. Incompréhensible !

Progressivement, on nous demande de faire plus avec moins de budget, de solliciter sans cesse la Recherche & Développement de France Télécom, comme si la direction souhaitait plus que jamais attiser la concurrence entre nos deux structures, alors que nous œuvrons a priori pour le même groupe.

L'argent n'est pourtant pas un problème pour moi. Même avec un budget proche de zéro, je poursuis ma chasse aux partenaires. Fût-ce gratuitement, ces derniers ont tout intérêt à collaborer avec nous. À charge pour eux, ensuite, de communiquer sur leur coup de pouce décisif à France Télécom Orange, qu'ils auront aidé dans la mise sur le marché de tel ou tel outil nouveau. C'est évidemment aussi une formidable promotion pour France Télécom Orange, mais nos dirigeants ne l'ont pas compris, et n'ont vu chez nos partenaires industriels que des concurrents en quête de parts de marché.

Erreur fatale !

Ce coup de sabre dans mes budgets ne m'empêche pas de bouger encore, et, contrairement à ce que certains chefs espéraient, à ne pas renoncer. À eux de continuer leur « élagage » du département, leur distribution de remontrances dignes d'une cour de récré. À eux de me « punir », tel un enfant jugé trop turbulent et de nous décourager les uns après les autres, sans doute en n'envisageant pas les dégâts moraux qu'ils déclenchent chez ceux qui flanchent. Et s'ils en avaient conscience, alors j'espère que les remords hantent encore aujourd'hui leurs nuits.

*

De son côté, Cédric Paroust poursuit son travail d'artificier. Comme il a dû en avoir la consigne, il est venu pour faire exploser notre structure, et s'y emploie avec talent. De juin à décembre 2004, il nous convoque – Paris, Londres, Boston –, à plus de 14 réunions pour nous présenter la réorganisation de toute la R&D du groupe. Les slides défilent, et on ne voit que des cases vides dans l'organigramme. Toujours pas de noms. Avec d'autres collègues en sursis, je comprends alors que tout va changer, que le labo va disparaître. Il ne nous manque que deux informations : quand, et comment.

Paroust excelle dans l'art de l'esquive et du parler flou. Rien n'est jamais exprimé clairement. Il parle dans le vide, et les cases vides qu'il exhibe sous nos yeux sont censées représenter nos futures fonctions. Aurait-il l'intention de démoraliser ses troupes qu'il ne s'y prendrait pas autrement ! Si sa mission consiste à engendrer, dans notre esprit, la crainte de passer un jour à la trappe, et que cette crainte doive dicter nos actes jusqu'à l'échéance fatale, il y parvient. Mais cela me semble impensable.

On nous demande alors d'intervenir dans les labos de la Recherche & Développement de France Télécom, habitués à travailler sur le long terme. Mais tout va si vite, désormais, que le court terme devient indispensable… et qu'il nous appartient de faire passer le message auprès des habitués. À nous, donc, de monter en première ligne pour faire le sale boulot et apparaître ainsi comme les emmerdeurs de service. Évidemment, sur place, en comprenant le dessein dont nous ne sommes que les messagers, tout le monde nous déteste. En interne, il nous faut nous coltiner chaque jour les exécuteurs de basses œuvres, les adeptes du « on m'a demandé de… »

Ainsi ce fraîchement nommé qui m'aborde, un matin :

— On m'a demandé de superviser tes projets…

— OK. Et qu'est-ce qu'on t'a promis ?

— On m'a rien promis du tout…

— Et tu seras où, en 2005 ?

— Il y a un énorme partenariat avec un constructeur et je vais m'en occuper…

— OK. Tu veux quoi exactement ?

— Tous tes budgets, tous tes contacts.

— C'est là dans cette pochette. Tout est là…

Intérieurement, je me marre ; je suis persuadé qu'il ne comprendra rien et ne touchera rien de ce que je lui ai donné.

Le lendemain il revient :

— J'ai besoin de faire un point avec toi…

— OK, je t'écoute…

Et là, je reste pantois : il se contente de me regarder en silence, sans un mot. Puis il s'en va. Il me refera plusieurs fois le coup. La méthode, censée me mettre sous pression, s'avère dérisoire, inutile, et, même, au bout du compte, humiliante pour lui. Mais il revient à la charge quelque temps plus tard, alors que j'ai en ligne un constructeur, avec lequel je discute en anglais. Le parachuté fait une nouvelle tentative :

— Quand tu parles avec un constructeur, il faut que tu m'avertisses, pour que je participe.

— OK…

Mais… son anglais est loin d'être *fluently*. Et, comme il en a bien conscience, il ne s'aventurera jamais à mettre son grain de sel dans l'une de mes conversations.

Les pressions de ce genre se font toujours plus nombreuses en 2004, et certains commencent à craquer. Quatre d'entre nous décident de partir grâce à leurs contacts en interne. Pour l'heure, le site Internet « Planète emploi », réservé exclusivement aux managers, leur permet encore de consulter les postes disponibles en interne. Mais ce site vit là ses dernières heures. Bientôt, il deviendra inaccessible, et la possibilité de muter en interne sera concentrée dans les seules mains des DRH, devenus des « *business partners* RH », seuls habilités à imiter tel ou tel salarié. De préférence… ailleurs !

S'ils devaient rester, le salarié se voyait proposer un poste sans aucun rapport avec ses compétences.

*

En ce qui me concerne, l'immobilité devient l'expression la plus tangible de mon statut de futur condamné. Depuis le début de l'année 2004, je constate être en effet « l'oublié des formations ». Une vraie nouveauté pour moi, qui appartiens au club prisé des employés à haut potentiel, invités, comme tels, à suivre des stages réservés aux « cadres supérieurs dirigeants ». Depuis plusieurs années, je suis de toutes ces formations élitistes.

En 2004, c'est terminé. On ne m'annonce rien. Je disparais des listes, comme si je n'existais plus aux yeux de la hiérarchie. J'essaie de ne pas cultiver une paranoïa qui pourrait se révéler destructrice, mais en 2005, je suis contraint de noter que, pour la première fois, je ne suis pas convié aux « entretiens de progrès ».

Difficile de ne pas faire le lien entre la nomination de Paroust et la dégradation de ma situation. Jusqu'à son arrivée, j'ai réalisé un parcours rectiligne, un sans-faute. Le directeur technique d'Orange se charge de briser nette cette ascension. En 2005, donc, l'avancement, les augmentations de salaire ne me concernent plus.

Sans explication, je n'ai même plus droit à un « examen de situation individuelle », et ce alors que mes collègues continuent de bénéficier d'une progression normale en dépit du climat d'incertitude qui pèse sur chacun d'entre nous. Pas d'entretien d'évaluation, pas d'augmentations, puisque ces dernières sont calculées sur la base… des entretiens en question. Ainsi mon salaire sera-t-il totalement bloqué de 2005 à 2007, tout comme celui de Lionel[1], un de mes collègues subissant le même sort que moi.

1. Le prénom a été changé.

Pourtant, notre accord salarial stipule que « la progression ou, a contrario, l'absence de progression, doit être explicitée par les responsables des ressources humaines ». J'attends en outre toujours, à l'heure où j'écris ce livre, de connaître les raisons pour lesquelles nous avons été traités de la sorte.

Ce n'est pas tant l'argent qui pose problème il n'a jamais été un moteur pour moi – que ces mesures, synonymes de mauvais présage. Un autre signe vient corroborer mes craintes : la disparition, sur mes bulletins de salaire, de la « part variable », calculée sur mes résultats individuels. Supprimée en 2005, elle aussi, et toujours sans le moindre motif.

*

Mais je ne lâche rien, et cela énerve fortement les instigateurs de cette mort à l'usure. Je suis en contact avec l'Asie, avec les États-Unis, et d'autres partenaires en Europe. Tisser ce réseau à l'international n'a pas été une mince affaire, et je ne vais pas tout foutre en l'air à cause d'un management minable.

Dans un climat qui frise la schizophrénie, je pose un voile étanche sur la crise que nous essuyons en interne. Grandeur d'Orange à leurs yeux oblige, mes interlocuteurs étrangers ne doivent surtout pas savoir. Comment pourraient-ils comprendre qu'une équipe performante comme la nôtre soit sciemment démantelée, et ce contre toute logique industrielle ?

Non, ils ne comprendraient pas.

Ils seraient stupéfaits d'apprendre qu'il nous faut quatorze signatures pour obtenir une salle et organiser une réunion de travail.

Ils seraient catastrophés de savoir qu'il nous faut combattre notre propre management, afin que le centre d'innovation puisse faire son travail.

Surtout, ils ne consentiraient plus à nous fournir gratuitement les prototypes d'expérimentation qu'ils font par ailleurs payer au prix fort à France Télécom recherche-développement.

Parce qu'elle règle des factures, France Télécom Orange a le sentiment d'exister. C'est un peu comme dans l'armée, quand le soldat fait rouler son camion dans la cour pour brûler son carburant. En fait, les membres de la Recherche & Développement de la maison mère sont complètement bernés : on leur fait croire qu'une nouvelle évaluation, « au contrat passé », selon la loi du marché, se substitue à la précédente, au sein de laquelle ils se sentaient protégés par un contrat de travail. Du coup, ils se retrouvent en rase campagne, sans protection, à la merci d'une hiérarchie qui décide unilatéralement de leur mobilité ou de leur éviction d'une équipe, voire de leur exclusion définitive de l'entreprise. Et c'est à nous, les francs-tireurs, qu'il appartient, d'« évaluer leur travail »… Une mission fictive, dont l'objectif véritable paraît, à leurs yeux, comme leurs seuls et vrais ennemis.

Ainsi les véritables coupeurs de tête peuvent-ils avancer masqués, et dégommer qui ils veulent. Pour cela, ils disposent d'une arme : le TTM. En toutes lettres : « *Time To Move* ». Parmi les victimes les plus récentes, un collègue de Clermont-Ferrand a appris son TTM en allant boire un café avec son manager direct. Pas d'intro, pas d'explication. Le manager se contente de pointer son doigt vers celui qu'il désigne pour le peloton d'exécution et d'asséner : « Toi, tu es en TTM à 12 mois. » Traduction : d'ici un an, il faudra aller ailleurs. Stupéfait, mon collègue met un peu de temps à décrypter la petite phrase. Ce jour-là, on vient tout bonnement de lui annoncer son exil, sa condamnation et le jour d'exécution de la sentence. Cet homme sera détruit. Il fera une tentative de suicide, et travaille aujourd'hui à sa reconstruction.

Dans cette ambiance pour le moins délétère, étouffante, débordant de stress, de pression et d'insécurité totale, des collègues viennent peu à peu se confier à moi : « J'y arrive plus, Vincent, je ne sais pas ce qui se passe, on est en réunion permanente et je ne peux plus bosser. »

Autour de nous, les équipes se délitent, les phrases prennent l'allure de jugements définitifs : « Lui, c'est pas la peine d'aller le voir, il est en grosse déprime… » ; « L'autre, c'est devenu un ours, on ne peut plus l'approcher » ; « Celui-là, il envoie chier tout le monde… »

Ces mots graves, témoins de situations personnelles catastrophiques, tombent dans le vide. J'ai l'impression que tout le monde s'en fout. Comme si l'homme avait progressivement disparu.

Témoignage

« Je démissionne. Et je dis pourquoi ! »

C'est une femme qui vient de claquer la porte. Catherine Morel est médecin du travail. Une voie qu'elle a choisie à sa sortie de la Fac de médecine, juste après son diplôme de fin d'études. Depuis, un parcours sans faute. D'abord à La Poste, puis chez France Télécom.

Quand elle décide de quitter la *vénérable* maison jaune pour la belle orange, en 2006, une de ses amies prend soin de l'avertir : « Viens, mais il faut que tu saches que c'est très dur chez nous. »

Catherine ne va pas tarder à comprendre le pourquoi de cette mise en garde. Son cabinet se transforme bientôt en une sorte de confessionnal où défilent des hommes et des femmes cabossés, perdus. Des patients toujours plus nombreux qui ne peuvent contenir leurs larmes. Le crescendo s'accentue entre 2007 et 2009.

Les salariés qui affluent dans le bureau de Catherine Morel ont parfois effectué tout leur parcours professionnel chez France Télécom, une entreprise dont ils sont fiers, et qui pourtant les maltraite. « Pourquoi ? » C'est le cri de douleur qu'ils lancent à Catherine entre deux sanglots.

Le docteur Morel ne peut plus se contenter de dresser ce sinistre constat : le personnel est en souffrance. Chaque soir, cette femme médecin rentre chez elle épuisée. Elle n'en peut plus. Et c'est pour sauvegarder sa propre santé mentale qu'elle décide un jour de partir. Un vrai sentiment d'échec pour cette personnalité de conviction. Mais que pouvait-elle faire d'autre, face à une telle machine à broyer ? Rien. Les médecins du travail sont, eux aussi, des salariés de France Télécom, employés par la société dont ils dépendent. Une seule alternative s'offre à eux : obéir, ou partir.

Signe d'inquiétude tangible : la médecine du travail au sein de France Télécom n'a toujours pas reçu l'agrément du ministère du Travail[1]. Sans doute a-t-il jugé que le dossier présenté par France Télécom ne reflétait pas la réalité du terrain. Mais le ministère a quand même laissé faire !

Catherine Morel nous reçoit à Chambéry, où elle vit avec sa famille. De sa voix douce, elle dresse un constat accablant sur la santé des salariés de France Télécom :

« Si j'ai pris la décision de démissionner au bout de deux ans, c'est parce qu'il est impossible, pour un

1. Lettre RAR de P. P., directeur régional adjoint du travail, adressé à Didier Lombard, P-DG de France Télécom Orange, du 22 décembre 2009.

médecin du travail, d'exercer correctement son métier. Je ne peux pas faire de prévention ; or, le fondement de mon métier, c'est d'éviter que la santé du salarié ne soit atteinte à cause de son travail.

Depuis deux ans, je ne fais que constater la détérioration des conditions de travail qui entraînent des problèmes de santé parfois graves chez les salariés. Mais dès lors que l'on remet en cause ce fonctionnement, on nous dit qu'il n'est pas possible d'en changer. Ainsi, le rôle de conseiller que nous sommes censés exercer auprès de la direction est-il complètement nié à France Télécom.

La direction a une attitude d'indifférence, voire de suspicion à notre égard.

On a laissé entendre que, sans prendre de recul, je reprenais les arguments des syndicats, alors que mon rapport annuel n'était que le compte rendu fidèle de ce que je vivais chaque jour dans mon cabinet médical.

Dès mon arrivée à FT, j'ai été confrontée à une population qui, en grande majorité, n'était pas bien au travail. Les salariés exprimaient leur inquiétude, voire leur peur de voir leur poste supprimé du jour au lendemain. Ils me parlaient de leurs troubles du sommeil, certains pleuraient en consultation, ce qui était nouveau pour moi. Il s'agissait beaucoup de femmes de 50 ans, et autant d'hommes du même âge, ce qui n'est pas si fréquent.

Ce sont surtout les managers de proximité de plateaux téléphoniques qui m'ont alertée à propos de certains de leurs collaborateurs en souffrance. Des salariés submergés, le plus souvent, par un sentiment d'injustice. Les changements de métier qu'on leur impose sont vécus comme une régression. Ainsi de ceux qui se retrouvent sur des plateaux téléphoniques, alors qu'ils ont connu des postes intéressants au cours de leur carrière.

Ces salariés se sont investis pour le compte de leur entreprise, dont ils étaient si fiers, et vivent très mal la négation de cet investissement. Ils ne supportent pas les méthodes mises en place sur ces plateaux, où tout est formaté au mot près dans la relation avec le client. C'est tellement peu valorisant qu'ils en souffrent. Les techniciens sont mes premiers patients. Ces experts dans leur domaine arrivent sur ces plateaux téléphoniques après avoir exercé 4 à 5 métiers.

J'ai tenté de suggérer des solutions pour améliorer leur situation, mais je me suis heurté à un mur. Tout était décidé au niveau central, et appliqué tel quel sur le terrain.

L'organisation était complexe, et c'était difficile de s'y retrouver puisque tout changeait sans cesse.

Les salariés eux-mêmes étaient perdus. Je me souviens de cet homme à qui j'ai demandé en début d'entretien :

— Dans quel service travaillez-vous ?

— J'en sais rien, je suis paumé, je peux seulement vous dire que je suis rentré voici 30 ans aux PTT.

Cet homme avait changé trois fois de travail en un an, et il ne savait plus à quel service il appartenait.

On a alerté sans cesse les DRH. Ceux qui étaient les plus proches du terrain étaient conscients du risque, mais ils étaient impuissants, coincés par les objectifs qui leur avaient été fixés en début d'année à Paris, à savoir : « Tant de salariés en moins. »

Ils n'avaient que cette préoccupation en tête ! Et je ne parle pas des DRH à Paris. J'ai contacté un DRH parisien pour évoquer un cas particulier. Je lui ai même écrit. Il ne m'a jamais répondu. C'est très inquiétant d'avoir des DRH aussi éloignés du terrain.

Pour moi, la raison principale de ce mal-être est liée aux restructurations menées à un rythme infernal, sans explication. Et ces changements permanents s'accompagnaient le plus souvent de nouveaux métiers complexes à découvrir. À peine avaient-ils commencé à comprendre ce qu'on attendait d'eux, qu'ils étaient mutés ailleurs, avec, à la clé, une dégradation toujours plus grande de leurs conditions de vie.

C'est ainsi qu'on a détruit le collectif.

Pour les anciens, changer de métier, devenir des agents commerciaux sur une plate-forme téléphonique, cela pose des problèmes éthiques. À la culpabilité de ne pas y arriver s'ajoute un sentiment d'indignité personnelle. Et cela peut conduire à la dépression.

Sur un plateau téléphonique, on m'a un jour avertie de nombreux cas de souffrance. On m'a demandé d'animer des groupes de parole. Parmi les salariés, seuls les volontaires participent à ces séances, au cours desquelles ils peuvent dire leurs difficultés dans l'exercice de leur métier, voire leurs souffrances.

En fin d'année, je rédige un rapport qui constitue la synthèse de toutes ces rencontres. Mais je ne me contente pas de retranscrire les mots prononcés. Je fais un certain nombre de propositions pour améliorer les conditions de travail, et limiter ainsi les risques psychosociaux sur la plate-forme téléphonique.

Résultat : immédiatement, la direction annonce la fermeture du site !

Là, je comprends que j'ai été utilisée, et cela me déplaît profondément. Car les salariés du site en voie de fermeture n'ont alors eu d'autre choix que de rejoindre un autre plateau téléphonique à vocation exclusivement commerciale. Mais ils restent dans mon secteur géographique. Et un an plus tard, je suis déjà à même de mesurer les dégâts. Deux tiers d'entre eux sont en grande difficulté. Malgré les formations, ils n'y arrivent pas. Sur ces deux tiers, la moitié des effectifs prend des anxiolytiques, des antidépresseurs ou est traitée pour des troubles du sommeil.

Plus de 30 % du personnel de ce site est donc malade. Une enquête récente commandée par le ministère du Travail montre que sur un plan global, toutes entreprises confondues en France, 8 % des salariés prennent des médicaments dans le cadre de leur travail. Sur le site que j'ai suivi, les salariés sont donc quatre fois plus nombreux à suivre des traitements. Si ce chiffre est représentatif du reste de la population de France Télécom, je ne suis pas étonnée que certains choisissent de mourir.

Le directeur du site n'est pas surpris non plus, et se décide un jour à me le dire : « Je sais qu'en appliquant ce plan de réorganisation, on envoie un certain nombre de salariés à la casse. » Chaque semaine, je reçois des mails de ce directeur ou de la DRH : « Untel a craqué, pouvez-vous le recevoir ? » À chacun de ces messages, je ressens une profonde amertume, car je sais qu'en amont, des solutions existent pour éviter ces catastrophes. Nous les avons proposées. En vain.

Ce qui m'a toujours frappée, c'est l'aveuglement des cadres dirigeants sur le terrain, et leur propension à appliquer les plans de réorganisation, sans se poser la moindre question quant aux règles édictées à Paris. Un exemple : par souci d'économie, on a un jour demandé à des techniciens de France Télécom de ne plus intervenir à deux sur des nacelles élévatrices, comme ils le faisaient jusque-là. Dorénavant, un technicien seul devra utiliser une échelle télescopique. Le changement engendre un grand nombre d'accidents du travail, et le CHSCT s'en inquiète. Les cadres se veulent rassurants : si elles sont bien manipulées, assènent-ils, ces échelles sont sans danger ! Mais les accidents se sont poursuivis. Jusqu'à ce que l'inspection du travail soit saisie, et contraigne la direction de France Télécom à revenir aux anciennes méthodes, c'est-à-dire à la plate-forme élévatrice maniée par deux hommes. Eh bien, les cadres ont alors fait passer les consignes avec une conviction égale à celle qu'ils affichaient quelques mois plus tôt pour vanter les vertus – non dangereuses – de l'échelle télescopique. Le message vient de la direction, donc, il est sacré !

Tous les jours, je ressens, moi aussi, une pression de la part de la hiérarchie. Si notre statut de médecin et notre indépendance sont garantis sur le papier, le fait d'être directement payée par l'employeur me pose un réel problème.

Je l'affirme : j'ai subi des pressions dans le cadre d'un plan décidé au plus haut niveau de l'entreprise.

Ainsi m'a-t-on imposé la mise en place de « cellules d'écoute et d'accompagnement », lesquelles cellules se composent d'un médecin du travail, d'une assistante sociale, mais aussi… de membres de la direction. Comment voulez-vous que le salarié exprime ce qu'il a sur le cœur, dévoile les secrets de son mal-être devant ceux qui en sont responsables ? De plus, ces cadres dirigeants n'étant pas des professionnels de l'écoute, le Conseil de l'Ordre, alerté par mes soins, a rappelé l'illégalité de leur présence au sein de ces cellules. Par ailleurs, la « détection des signaux faibles » me rend perplexe : laisser entendre que la souffrance d'un salarié serait de sa seule responsabilité est un mensonge éhonté. Et je ne vois pas en quoi cela va régler les problèmes de souffrance au travail qui se multiplient à France Télécom.

Sans cesse, on me répète que les gens qui vont mal ont des problèmes essentiellement personnels. Une explication un peu facile, que je ne peux évidemment admettre. C'est bien l'organisation du travail, le management sciemment mis en place par la plus haute hiérarchie de l'entreprise, qui est à l'origine du mal-être de ces employés qui souffrent.

Je pense aussi qu'on a voulu pousser dehors certains salariés, ce qui s'est traduit sur le terrain par une détérioration de leurs conditions de travail. Problème : qui paie pour ces employés qui sont en arrêt de maladie, parfois pour très longtemps ? Réponse : vous et moi.

Une étude montre aujourd'hui que, globalement, un quart des arrêts maladie ordonnés par les médecins sont liés au travail. En toute logique, les employeurs devraient voir leur responsabilité engagée.

Il n'est pas question, pour moi, d'établir un parallèle entre ma propre situation et celle de tous ces salariés en perdition. Mais ce que j'ai vécu en deux ans m'a souvent mise en colère, et j'ai connu, moi aussi, au quotidien, les affres des tourments et des troubles du sommeil. Comment dormir quand vous reviennent à l'esprit les messages parfois scandaleux d'une direction si éloignée de la réalité ?

Je rentrais chez moi avec ce fardeau. Et mes proches, mon mari, mes enfants, en avaient assez de m'entendre tous les soirs vider mon sac. Pour préserver les miens en même temps que ma propre santé mentale, je n'avais qu'une solution : partir.

La pénurie de médecins du travail en France est telle que je n'aurai guère de difficulté à retrouver un poste. Mais mon ressentiment est si fort, que je ressens aujourd'hui le besoin de dire pourquoi j'ai présenté ma démission. »

Chapitre 6

L'air est irrespirable, mais j'ai ma réserve d'oxygène. Les cours que j'anime désormais dans une école d'ingénieurs me permettent de transmettre, tel un témoin, ma passion du management et de l'innovation. Ces cours se déroulent sur une semaine, une semaine dont le caractère intensif, l'immersion réelle et le contact direct ne sont pas pour me déplaire.

Ces jeunes ont des rêves, ils savent résoudre des problèmes, mais ils ne peuvent imaginer à quel point la politique des entreprises au sein desquelles ils atterriront après leurs études pourra changer la donne. J'organise des exercices pratiques : une moitié de l'amphi joue les clients, l'autre les fournisseurs. Et toujours en équipe.

L'idée, c'est qu'ils soient capables, dans la mise en place d'un projet d'innovation, de dégager des priorités. Leur vélocité intellectuelle ne fait aucun doute, mais il faut leur enseigner une autre langue que la leur. Je sens que ça les passionne, et ça me porte. Je me revois quelques années plus tôt. À travers eux, je revis cette époque bénie de ma vie d'étudiant insatiable. Ce temps où j'étais heureux.

*

Au bureau, Paroust et les autres chefs n'apparaissent plus qu'en visioconférence. Les suppressions de postes sont passées sous silence. La seule chose dont on est sûr, c'est qu'il n'y a plus de budget, et que les consultants vont partir. On se contente d'évoquer une vague réorganisation, mais rien de plus, avec toujours et encore, les mêmes slides, les mêmes organigrammes avec des cases vides. Une omerta aberrante. On ne sait plus qui fait quoi dans cet organigramme sans noms. Personnellement, je tente de me rassurer en notant qu'il y a autant de cases que d'ingénieurs.

La peur et l'inquiétude me gagnent pourtant soudain un soir, quand je sens une main se poser sur mon épaule. C'est Patrice[1], un sous-chef. Je ne l'ai pas entendu s'approcher. Il est 22 heures, mais ma présence tardive au bureau est en phase avec le décalage horaire de certains pays avec lesquels je suis en relation, et vers lesquels j'envoie des mails très tard.

— Qu'est-ce que tu fous encore là, tu as pas encore trouvé de poste ? demande-t-il.

Je sursaute :

— Mais j'en ai déjà un de poste…

Il ne dit rien et s'éloigne, me laissant songeur quant à sa petite phrase.

1. Le prénom a été changé.

Quelques jours plus tard, devant tout le monde, il vient vers mon bureau dans l'open space, et me lance :

— Je t'ai parlé de la réorganisation, c'est important, tu dois en tenir compte.

Un peu agacé, je lui réponds :

— Oui, on sait, Cédric nous en a parlé. Ça va, maintenant...

Là, il s'emporte, saisit mon ordinateur à deux mains, le secoue en hurlant :

— Tu vas m'écouter quand je te parle... je te dis que ça se réorganise !

Voir un Normalien du corps des télécoms de la rue d'Ulm, un « cerveau », en être réduit à éructer ainsi, me laisse sans voix. Mais qu'ont-ils fait de lui ? Et que veut-il dire précisément ? Pourquoi ne pas être plus précis ? Parce qu'il n'ose pas ?

Je me lève et me dirige vers la fontaine à eau. Je ne le quitte pas du coin de l'œil. Je le regarde, il me regarde, ça dure une éternité. Dans l'open space, chacun retient son souffle.

Certains jettent un regard en coin sur cette scène surréaliste, mais la plupart de mes collègues restent penchés sur leur ordinateur, par crainte que les flammes de la colère ne les atteignent à leur tour, tel un incendie attisé par le vent sur des herbes sèches. Mais le vociférant reste planté là, face à mon bureau, silencieux, le regard halluciné. Je serre mon gobelet d'eau, prenant soin de ne pas réveiller la bête !

Au bout d'un moment, je range mes affaires, éteins mon ordinateur. Et je pars sans dire un mot de plus, « le » mot de trop, celui qu'il attendait sans doute pour exploser à nouveau, celui qui aurait risqué de tout faire dégénérer.

Le lendemain, des collègues m'interrogent :

— Qu'est-ce que tu lui as fait pour qu'il s'énerve comme ça ?

— Je ne sais pas. Je n'ai rien fait du tout, il est parti en vrille tout seul.

Leur sortie, style « tu nous l'as énervé », m'inquiète. Patrice leur a fichu une telle trouille qu'ils ne voient rien de ce qui se passe. Je serais l'unique responsable de sa crise d'hystérie ? J'ai compris : ces collègues sont contaminés, ils ont été avalés par le régime de terreur mis en place.

*

En réalité, la pratique dévastatrice du procès public est couramment utilisée, dans certaines communautés sectaires, afin de permettre au leader, au gourou, de s'assurer que chaque membre du groupe accepte de se soumettre à l'autorité du chef. L'adepte choisi pour cible est humilié devant l'ensemble du groupe, tous les reproches se concentrent sur lui. L'humilié demeure sans voix face à une violence qu'il ne comprend pas.

Dans un premier temps, les autres adeptes se contentent d'observer, en se demandant s'ils ne vont pas subir à leur tour le même sort ; puis ils prennent fait et cause pour le leader qui les terrorise. Le leader a atteint son but : soumettre chaque adepte à sa propre loi.

Le silence assourdissant de ces collègues au moment de l'attaque qui me visait, et leurs reproches, le lendemain, prouve que la manœuvre a réussi. Dans la hiérarchie chargée de tailler dans les effectifs, on a désormais l'assurance que ma mise à l'écart n'entraînera aucune protestation.

Patrice est-il le prototype du bébé-tueur sans état d'âme, qui veut prouver quelque chose à son papa ? Agit-il sans avoir pris conscience de ce qu'on lui fait faire, parce qu'il faut obéir aux directives ? En tout cas, il trouvera plus tard un autre poste.

À chaque chef ses propres méthodes, son propre discours. Celui dont la mission est de faire passer le message en matière de réorganisation du travail a une formule favorite : « C'est normal qu'on s'adapte... » Et si on tente d'en savoir plus, par une question du style : « Et concrètement, ça veut dire quoi ? », le manager emploie alors le langage du disque rayé : « La nouvelle organisation a été mise en place... » Traduction : il ne dit rien, mais on vit juste sous la pression angoissante d'un avenir aussi perturbé qu'incertain ! Parce que ça vient d'en haut, il faut suivre.

Je tenterai de sortir de ce guêpier en postulant pour diriger la « taille technologique d'Orange ». Mon chef me fera cette réponse : « Tu te discrédites à nouveau ! » Aucun DRH, qu'il soit d'Orange France ou d'Orange Angleterre ne donnera suite à ma candidature.

*

Puisque tout est figé dans notre centre d'innovation, je décide d'en informer notre Directeur général, un américain très pragmatique avec lequel j'ai tout de suite eu un excellent contact.

Dans un mail, je lui rappelle ce que j'ai fait, les projets qui sont les nôtres et nos espoirs. Il me soutient à fond sur le « browser », une innovation évidente pour lui, comme elle l'est tout autant aux yeux de Steve Job, le patron d'Apple. Il accepte de rencontrer avec nous les dirigeants d'Opera Software. Un meeting inoubliable.

Selon lui, il faut traiter la question avec la direction technique. Il me fait donc cette réponse : « J'ai tout transmis à Cédric, vois avec lui… »

Mais c'est peine perdue. Non seulement Cédric reste sourd à tout ce que nous sommes à même de réussir en matière d'innovation, mais il pourrait interpréter mon initiative comme une tentative de le contourner en alertant son propre patron, qui, dans la logique de la hiérarchie pyramidale, est aussi… le mien. Et cette opération, réussie quant au projet en lui-même, reste néanmoins potentiellement dangereuse pour moi.

Plus tard, en 2006, Cédric Paroust aura la peau de l'Américain.

*

Peu de temps après, en cette année 2004, je reçois un coup de fil de Bernard[1], un DRH :

— Bon, Vincent, il faut qu'on vous voie pour faire un point sur votre situation.

1. Le prénom a été changé.

— Vous voulez m'augmenter, j'ai une promotion ?

— Non, vous rêvez mon vieux. Vous venez nous voir et vite !

— Mais il y a des règles en droit du travail, écrivez-moi les raisons de votre appel. Ou dites-les moi. « Situation », c'est un peu fourre-tout non ? Si tout doit changer pour moi, compte tenu de la réorganisation, il faut un avenant à mon contrat.

Il s'agace à l'autre bout du fil :

— Puisque vous le prenez ainsi, vous serez convoqué par courrier recommandé.

Pendant des mois, ils ne me relancent pas, et je me contente de passer au bureau des ressources humaines pour dire que j'attends mon avenant.

La fin de l'année arrive, et je passe les fêtes avec cette menace latente. Car je sais bien qu'ils ne vont pas m'oublier. L'angoisse ne fait que monter.

En janvier, arrive une convocation par courrier recommandé.

Ce sera tel jour à telle heure. Je réponds par courrier recommandé que je serai là.

Je me rends porte d'Orléans, au siège de la hiérarchie d'Orange.

Je ne suis pas très à l'aise. Que veulent-ils ?

J'ai encore en tête les paroles sèches du DRH, aux frontières de l'insulte. L'accueil ne sera à coup sûr pas chaleureux.

J'attends dans le couloir, debout. Deux DRH passent devant moi, pour me signifier d'entrer, sans un mot. Ils sont deux, un homme et une femme.

Selon une technique dont j'ai déjà pu observer les rouages, ils s'agitent soudainement :

— Bon, on n'a pas vraiment le temps, mais on va quand même le faire, cet entretien…

Me voici face à un couple disparate. Lui, massif, une tête banale presque sans cou, le portrait type du membre du peloton d'exécution. Elle, très jolie, un visage angélique. Je vois un tel décalage entre ce qu'elle dit et sa crispation évidente que ça sent le piège. Je suis troublé. Le tandem tout en contraste me met mal à l'aise.

Je commence à peine à m'installer que Bernard m'agresse :

— Vous savez pourquoi vous êtes là ?

En silence, je sors nos échanges de courriers, leur convocation et ma réponse.

Ils se regardent, et on passe dans un bureau plus exigu. Et là, c'est le festival :

— Vous ne répondez pas aux mails, aux messages téléphoniques, c'est quoi ce comportement ?!

Lui est agressif sans raison, et elle exagérément doucereuse :

— Vincent, on est là pour vous accompagner, vous aider à y voir plus clair dans le changement en cours.

Le style : « Faites-nous confiance. »

J'ai l'impression d'être dans un film, mais hélas, il n'en est rien. Eux, en tout cas, jouent leur rôle de flics. Une distribution sur mesure : lui, dans le costume du méchant ; elle, en compréhensive-conciliante.

Je ne dis toujours rien, réclamant simplement des écrits.

— Vous êtes dans le déni, vous êtes inquiet, c'est évident… Arrêtez de faire votre mauvaise tête… répètent-ils.

Soit, mais ne serait-ce pas plus simple de dire quelle est la réorganisation prévue précisément plutôt que de laisser tout le monde dans l'incertitude ? Le déni de quoi puisqu'on ne nous a rien expliqué de concret ? Je ne peux imaginer que des gens normaux se comportent ainsi, et la question me vient naturellement :

— Qui vous a demandé de faire ça ?

Autrement dit, qui a mis en place cette méthode de quasi manipulation ?

— Vous avez entendu parler de Next, il faut vous prendre en charge, c'est le changement…

— Expliquez-moi…

— C'est le changement, il faut vous prendre en charge.

— Mais ça consiste en quoi ?

— Arrêtez de faire l'imbécile, vous savez très bien pourquoi vous êtes là…

Eh bien non, justement. Et je me vois soudain dans le film *La vie des autres,* où l'on enferme un type sans lui dire pourquoi. On lui donne à manger, mais il est seul, isolé du reste du monde. Et il devra se soumettre pour ne pas devenir fou.

La séance se poursuit :

— Votre service n'existe plus et donc votre poste non plus…

Enfin une information concrète. Que j'ignorais.

— Mais j'ai vu le DG d'Orange et nous avons beaucoup de travail avec nos partenaires étrangers notamment, leur dis-je.

— On s'en fout, vous n'avez plus de boulot…

Autre information précise. Douloureuse, mais précise. Or j'ai apporté des documents qui attestent du contraire, et notamment combien nous travaillons.

— Voici nos échanges de mails.

Ils lisent, et semblent décontenancés.

À l'évidence, ils n'ont pas prévu ce cas de figure :

— Ah… on va demander à Cédric Paroust si vous avez encore du boulot.

— Mais je travaille avec son chef… Le directeur général.

Ils restent face à moi, sans un mot.

La jeune femme rompt le silence de sa voix suave :

— Vous faites quoi en ce moment ?

— Je suis sur des projets passionnants, par exemple pour faciliter l'accès internet sur le mobile…

— Mais vous faites quoi ?

Sous-entendu « vous ne faites rien » ?

Alors j'argumente à propos des projets IMS, Data, Browsing et je vois bien qu'ils ne comprennent pas.

Bernard enchaîne :

— Mais tout ça, on s'en fout… Cédric nous a dit que vous n'aviez plus de boulot !

— Attendez, j'ai encore tel ou tel projet avec des constructeurs étrangers…

— On s'en fout… Cédric nous a dit que vous n'aviez plus de boulot !

— Mais c'est une plus-value exceptionnelle pour notre entreprise…

— On s'en fout, je vous dis.

Alors je me tais, me lève et m'en vais.

— Mais vous n'avez pas le droit de partir, c'est de l'insubordination, s'emporte Bernard.

Je reviens sur mes pas, mais pour ramasser mon parapluie que j'avais oublié. Et je repars.

Ils me suivent jusque dans le couloir :

— Vincent, vous n'avez pas le droit de partir, revenez ici.

Que faire ? Garder ma dignité, mon calme, ma santé aussi ou rester dans cette discussion kafkaïenne ? Je ne les écoute plus. Je suis déjà loin. En ramassant mon parapluie, j'ai vu ma main trembler. Mais de quoi devrais-je avoir peur ? Je suis dans mon bon droit, je n'ai rien à craindre. Ils exigent de moi que je retrouve un job au sein du groupe, si possible hors de l'entreprise. Mais j'ai déjà un travail. Pourquoi en chercher un autre ? Le mien me convient parfaitement, et je n'en changerais éventuellement que si un avenant à mon contrat de travail le précise. La loi n'est-elle pas de mon côté ?

*

Complètement sonné après ces deux heures d'acharnement, je me retrouve dans un parc tout près de la porte d'Orléans ; des enfants jouent, des couples sont allongés dans l'herbe. Je m'assois sur un banc, je respire enfin. J'ai besoin de renouer avec le monde des gens normaux qui vivent simplement.

Un peu tard, sans trop savoir pourquoi – un besoin vital, sans doute –, je me retrouve assis dans l'herbe. J'ôte mes chaussures et mes chaussettes, je fais quelques pas, je ramasse une branche tombée d'un arbre, la serre dans ma main, tel un objet précieux. Je me reconnecte au réel, à cette terre qui tourne sans moi depuis trop longtemps, tandis que France Télécom crée un monde sombre et décalé, qui menace de me rendre fou.

J'ai besoin de vent, envie de lumière.

*

Quand je reprends le métro, je tremble encore. Mes pensées s'entrechoquent. J'ai peur de basculer à mon tour.

Ces entretiens louftingues sont d'autant plus déroutants qu'ils font mine de n'accorder aucune valeur à mon travail. Je développe des partenariats avec des constructeurs brillants, on me dit qu'on s'en fout. J'apporte de la plus-value à mon entreprise, on me dit qu'on s'en fout. Je rappelle qu'on dépose des brevets à tour de bras, on me dit qu'on s'en fout. Pire : on veut abattre mon équipe ! Pendant ce temps, Cédric Paroust multiplie les meetings de réorganisation. Il nous présente des organigrammes sans noms. Finalement, il décide la suppression des emplois de la Recherche-Innovation.

Il demandera à notre directeur d'annoncer ces suppressions au comité d'entreprise du 7 octobre 2004[1].

On nous parle de mobilité et de mobilisation comme en temps de guerre, alors que des dizaines d'emplois sont supprimées ; on cultive le flou entre redéploiement et reclassement. Entre une réorganisation, qui laisse espérer la poursuite de notre travail avec une autre stratégie, et une restructuration, qui, elle, fera des dégâts et des victimes.

Je ne comprends pas cette incohérence. D'un côté, on m'annonce que je n'ai plus de boulot, que mon poste est supprimé, mais de l'autre, je me retrouve tous les jours à mon poste de travail. Un mot affleure sur les lèvres de mes interlocuteurs : le changement. Mais quel sens exact recouvre-t-il ?

Et comme si cela ne suffisait pas, les DRH, garants de ce plan de réorganisation, prétendent lire dans mes pensées, décrypter mes intentions. Savoir ce que je ressens de l'intérieur. Ils me promettent la dépression, affirment que je suis dans le déni ou la colère, me traitent de grossier personnage si je choisis de me taire.

Non, je ne suis pas en colère. Il n'y a aucune décision modifiant mes fonctions sans avenant au contrat que j'ai signé en intégrant France Télécom

1. Procès verbal du 7 octobre 2004 : « La direction confirme que les postes selon l'ancienne organisation sont supprimés de l'ordre de 3 minimum et 10 maximum. »

Orange. C'est cet avenant que je demande, et pourtant je ne parviens pas à obtenir satisfaction.

*

L'après-midi même, je retourne au bureau. Personne n'est au courant de ma convocation, excepté Cédric Paroust et le sous-chef Patrice. Absents, l'un comme l'autre. Personne ne se dit rien. Une atmosphère glaciale.

Je me tais, moi aussi. Un seul mot sur ces intimidations, et je me retrouve vraisemblablement mis en quarantaine. Leur irrespect rend-il chacun parano ? Je porte en moi une maladie que mes collègues ont peur d'attraper. Je suis devenu contagieux.

Je l'ai bien vu, quand c'est arrivé à d'autres : on ne les invitait plus à déjeuner, on évitait de les croiser à la machine à café. Du jour au lendemain, ils sont devenus transparents. Toujours là, certes, mais déjà partis.

Des morts-vivants.

Et maintenant, c'est mon tour.

Chapitre 7

Au cours de cette année 2005, je suis convoqué par Bernard et son acolyte pour trois autres entretiens aussi pénibles. Même décor, mêmes personnages avec leurs rôles bien attribués. Mais comme je n'en démords pas et attends un avenant à mon contrat de travail, ils perdent patience :

— Là, vous êtes dans le déni, Vincent…

Je ne comprends rien dans l'immédiat. Plus tard, je saurai.

Aujourd'hui, quand je me revois à cette époque de ma vie, je songe d'abord à un naïf, convaincu que le travail finira par l'emporter sur ce climat délétère, que l'on aura un jour conscience de ce que notre équipe apporte à l'entreprise.

Mais Bernard et son acolyte n'ont qu'une obsession : que je lâche la rampe, et m'en aille. Pour me faire lâcher prise, aucune injonction franche et nette. Ils ont leurs mots à eux. Jamais ils ne disent « vous devez partir », mais « vous êtes en redéploiement ». Un jargon qui déstabilise, culpabilise.

Je leur rétorque alors du tac au tac :

— Quand je suis avec vous, je ne travaille pas. Je ne peux pas vous consacrer tout ce temps…

— Mais vous n'avez plus de poste, Vincent…

— Mais si, il vous suffit de regarder ces mails échangés avec mon manager, avec nos partenaires…

Ils sont vite à court d'argument. Chaque entretien vient s'échouer sur un long silence. Jusqu'à ce que je me lève pour prendre congé. Hallucinant !

*

Derrière eux, je remarque trois grandes feuilles collées au mur. Un schéma décrit certaines phases psychologiques, matérialisées par des petits bonshommes censés représenter les salariés. J'y retrouve le « déni » dont on m'accuse, qui est une des premières étapes. Je ne sais pas ce que tout cela représente, au juste. Seuls les mots de Bernard résonnent dans ma tête : « Vous verrez, vous passerez par la colère et une grosse dépression… »

Comment peut-il deviner ce que je vais ressentir à son contact ? Parce que tout le monde réagit de cette manière en se voyant broyé ainsi ?

Ce même croquis, je le retrouve scotché dans le bureau de Mme Biard, DRH qui anime Orange perspective, structure d'accompagnement interne. Alors que le volontariat préside d'ordinaire à tout passage par cette structure, c'est par lettre recommandée que je suis convoqué en 2005.

Après être passé dans le bureau de Bernard à la DRH, je peux m'attendre au pire. Et ce sera pire. Avant d'affronter ceux qui veulent m'abattre –

même si, au fond de moi, je refuse encore d'y croire –, je ne résiste pas à prendre un bol d'air dans un de ces parcs verdoyants dont j'ai pu déjà apprécier les vertus apaisantes au sortir d'entretiens houleux. Cette fois, je prends les devants, et c'est en amont de l'épreuve que je puise dans cette bulle verte parisienne les réserves d'oxygène nécessaires au bras de fer qui m'attend.

L'arbre sous lequel je m'assois n'a-t-il pas valeur d'exemple ? Les saisons passent, mais lui, il reste, toujours debout, en dépit des giboulées et des tempêtes. Ses feuilles jaunissent en automne, ses branches dénudées ploieront sous les trombes d'eau ou les bourrasques de neige. Et le voilà de nouveau intact, au printemps, bientôt prêt à flamboyer sous un ciel d'été. Un symbole fort que la nature m'envoie en ce jour, moi qui espère encore assurer ma survie chez France Télécom Orange, une entreprise où c'est l'hiver toute l'année, et dont je redoute un massacre à la tronçonneuse. Je marche lentement, j'inspire à fond, arrache une poignée de gazon que je glisse dans la poche de mon pantalon.

Et je me dirige vers le ring.

*

Le bâtiment d'Orange perspective se tient à l'écart des autres structures plus modernes qui composent Orange Village à Arcueil. À peine l'ai-je découvert, que je suis instantanément téléporté à Bucarest, au temps sinistre d'un « grand démocrate » dénommé Ceaușcescu. Une minuscule entrée fichée sur une façade interminable, une couleur marron sale du meilleur goût, des centaines de fenêtres identiques sur huit étages : j'hésite un instant à pénétrer dans ce qui ressemble fort à un hôpital… Et qui, finalement, sera un hôpital !

L'austérité affichée à l'extérieur se confirme à l'intérieur, dès le hall d'accueil. Je me dis qu'ils ont dû bénéficier d'une sacrée ristourne sur le lino bleu. Il y en a partout ! Heureusement, j'ai une assez bonne culture cinématographique, et certains plans qui défilent sous mes yeux me projettent dans des films de légende. Aujourd'hui, l'éclairage au néon et les murs blancs me transportent presque dans le décor de *Vol au-dessus d'un nid de coucous.*

Je suis les indications données par les deux types hilares d'un poster géant accroché au mur. Je trouve les mannequins d'Orange perspective parfaits dans leur attitude censée mettre à l'aise celui qui marche vers la guillotine. Enfin, j'arrive au septième étage.

Tout commence par cette phase initiale dont j'ai maintenant l'habitude : poireauter une heure sur une chaise. À mes côtés, des hommes dont l'allure évoque plus un malade dans une salle d'attente qu'un cadre dynamique de France Télécom Orange. Je remarque que mon voisin le plus proche a le visage couvert de plaques rouges. Un autre passe devant nous, les épaules basses, nous jetant un regard sans s'arrêter. Quelques minutes plus tard, il est de retour, la tête penchée, l'œil torve.

Mon voisin, couvert d'eczéma, ne cesse de se gratter fébrilement les mains. Il me regarde, puis se replie sur lui-même.

Je tente d'engager la conversation :

— Savez-vous pourquoi nous sommes là ?

— Non, non, mais pour moi tout va bien, il n'y a aucun problème, je pense qu'on va faire un peu le point sur ma carrière.

Fin du dialogue, il n'en dira pas plus. Je comprends qu'il ne va pas bien, a beaucoup de problèmes, et que sa carrière est compromise. La peur se lit sur son visage.

C'est Mme Biard, DRH et patronne des lieux, qui vient rompre ce silence pesant :

— Vincent Talaouit, c'est vous ? Vous me suivez.

Mme Biard ne parle pas, elle grogne.

Elle n'écoute pas, elle fonce, sourde à vos arguments. Son but semble être de déstabiliser, de prendre le pouvoir d'emblée.

Elle est au téléphone, et, à l'évidence, parle de moi :

— Non, on ne peut pas faire ça Bernard, ce n'est pas possible… Ah bon, vous croyez ?

De sa main droite elle cache le combiné et s'adresse à moi :

— Je suis avec Bernard au téléphone sur votre cas…

Elle reprend sa conversation :

— Bon, écoutez, il faut essayer, on ne sait jamais… Ok, à bientôt.

Elle raccroche et me regarde, presque apitoyée :

— On ne va pas vous laisser comme ça, on va finalement le faire cet entretien, même si vous avez une heure de retard.

Par ce simulacre, elle me laisse croire qu'elle me fait une faveur en me recevant, et tente de me désarçonner par une parfaite mauvaise foi à propos de mon retard, puisque c'est moi qui attends d'être reçu depuis une heure.

Je ne suis pas venu de mon plein gré, elle le sait.

Le bureau où elle me reçoit est volontairement dépouillé : une table, deux chaises qui se font face, comme dans le film *Garde à vue*. Seul élément du décor, le schéma déjà remarqué. Je déchiffre une courbe sur laquelle sont collés des mots. Furtivement, je lis : colère, déni, dépression, résignation.

Mais je n'ai guère le temps d'aller plus loin. Mme Biard. attaque :

— Bon, vous savez pourquoi vous êtes là ?

— J'imagine que vous allez me le dire…

— Ne commencez pas à faire le malin, vous savez parfaitement ce qui vous vaut d'être en face de moi…

— Je vous assure, je n'en sais rien… Pourquoi suis-je là ?

— Que les choses soient claires, dit-elle, ici, c'est moi qui pose les questions.

— Oui, et quelles questions voulez-vous me poser ?

— Ah mais… je ne vais pas y arriver avec vous…

— Bernard vous l'a sans doute dit, je ne demande qu'une chose, un avenant à mon contrat de travail.

— Ce n'est pas prévu, vous le savez…

— C'est pourtant la loi, quand il y a changement…

— Bon écoutez, ça suffit, vous êtes dans le déni, là, s'emporte-t-elle en tendant son bras vers le schéma placardé sur le mur derrière elle.

Pour vérifier que je ne rêve pas, je mets la main dans la poche de mon pantalon afin de sentir l'herbe arrachée quelques minutes plus tôt dans le parc.

Je préfère me taire, seule attitude qui puisse me préserver et me retenir de jeter ma chaise par la fenêtre. Je prends scrupuleusement des notes. Je sens que ça l'agace et j'aime avoir conscience qu'elle voit que tout ce qu'elle me dit est consigné dans mon cahier.

Mme Biard ne tirera rien de moi, je n'apprendrai rien d'elle. Venu pour faire le point sur ma carrière ou un bilan de compétences, je me retrouve sur un ring, j'encaisse une avalanche de coups, plutôt bas, et l'arbitre n'intervient même pas. De toute façon, il n'y en a pas. Pas prête de lâcher le morceau, Mme Biard me convoque à vingt entretiens de ce genre, surréalistes. À chaque fois, j'aurai mon cahier et mon stylo pour tout noter par écrit.

*

J'ai l'impression de me trouver dans une maison de fous. Quand je demande un avenant à mon contrat de travail, ce qui est la moindre des requêtes, on me répond que ce n'est pas prévu dans le cadre de la réorganisation en cours ; quand je cherche à savoir en quoi consiste cette réorganisation, les responsables d'Orange perspective avouent qu'ils l'ignorent eux-mêmes.

Mais alors, quel est leur rôle et que fais-je là ?

Officiellement, il s'agit d'un « accompagnement du salarié en mobilité ». Comprenne qui pourra. En comité d'entreprise, les syndicats s'entendent répondre que la phase de mobilité d'un collaborateur peut durer entre trois et six mois. Certains restent pendant 18 mois sans travail, relégués dans un coin d'open space. L'humiliation, renouvelée chaque jour, d'être ainsi piétiné sous le regard de tous, est d'une violence inimaginable. À son insu, celui qui est mis en quarantaine a valeur d'exemple aux yeux de toute la communauté de travail : « Attention, si vous ne marchez pas droit, voici ce qu'il pourrait vous arriver ».

Déjà, en 2003, les élus alertaient sur la manière dont l'entreprise gérait repositionnements, déploiements, redéploiements, et suppressions d'emplois [1]. La rhétorique du management de la frustration permet de viser tout le monde, sans jamais nommer personne [2].

---

1. Procès verbal du 5 juin 2003 : « Si un salarié en redéploiement ne se manifeste pas auprès de l'espace, le RRH qui en a la responsabilité prendra contact avec lui pour entamer la démarche. CFDT souligne que ce dispositif ne correspond pas exactement en traitement logique d'un redéploiement. »

2. Procès verbal du 10 février 2006 : « CFDT distingue mobilité active et mobilité passive, suite à une réorganisation. La direction en conclut que le CE souhaite avoir un bilan sur Orange par perspective. »

Témoignage

Patrick Ackermann : « On les alerte depuis 10 ans, en vain… »

Un sourire teinté d'ironie, une voix grave comme l'est parfois celle des fumeurs, un ton toujours mesuré : Patrick Ackermann est le secrétaire général du syndicat Sud-PTT. Dans son bureau, des documents en vrac, résumés de combats anciens, forment une barrière étrange entre lui et ses interlocuteurs. Sur le dossier de sa chaise, une chasuble de couleur orange représentant des silhouettes noires tombant les unes après les autres – comme des dominos qu'il suffit de pousser – et ce slogan : « France Télécom Orange, arrêtons le massacre ».

Longtemps accusé d'inertie coupable, voire de complicité avec la direction en refusant de l'attaquer de front, le syndicat Sud décide de réagir, en ce printemps 2010, en déposant une plainte pour harcèlement moral et mise en danger de la vie d'autrui.

Le syndicat s'appuie sur un rapport d'une inspectrice du travail de Paris qui écrit notamment :

« J'ai constaté que la direction de France Télécom a été alertée à de nombreuses reprises tout au long de cette période (2004-2009) que ce soit par les CHSCT, en particulier au travers de rapports d'expertise, les organisations syndicales, des courriers d'inspection du travail, des rapports de médecins du travail (...) sur l'existence de risques psychosociaux pouvant être graves au sein de l'entreprise[1].

« Suite à ces alertes, il ressort de l'analyse des documents que la direction de France Télécom n'a pas pris les mesures nécessaires pour éviter ou pour le moins limiter les risques d'atteintes à la santé mentale liées à l'organisation du travail (...) Compte tenu des manquements constatés (...) en application de l'article 40 du code de procédure pénale, j'ai remis ce jour au Parquet de Paris un rapport pour mise en danger de la vie d'autrui et harcèlement moral du fait de méthodes de gestion de nature à porter atteinte à la santé mentale des travailleurs. »

Patrick Ackermann, lui, fait face aux critiques et aux attaques déguisées de la direction, qui prétend ne pas avoir été alertée par les syndicats de ces risques psychosociaux.

« Plusieurs enquêtes sont en cours à France Télécom, et nous sommes nombreux à dire que c'est un système qui a été mis en place par la direction.

1. Rapport remis par S. C., inspectrice du travail à Paris au Procureur de la République de Paris, le 11 février 2010.

Vu la crise que nous avons traversée, la profondeur de cette crise et l'émotion ressentie dans tout le groupe, il nous a semblé normal de déposer plainte pour harcèlement moral et mise en danger de la vie d'autrui et ce contre France Télécom en tant que personne morale et contre Didier Lombard, Olivier Barberot le DRH, et Louis-Pierre Wenes, le numéro 2 de l'entreprise. Nous estimons que ces trois hommes ont joué un rôle central dans un système qui avait pour but de supprimer des emplois en masse à France Télécom et de mettre le personnel dans un processus de déstabilisation par une gestion par le stress, de façon à fragiliser les salariés et les pousser à quitter l'entreprise[1].

Nous avons été interpellés par des familles de victimes de ce harcèlement. Ces familles voulaient comprendre. Face à une direction qui ne réagissait pas, nous avons donc décidé de déposer plainte au pénal, de façon aussi à rendre ce débat public, avec, à la clé, une question essentielle : peut-on, dans une société moderne, mettre en place un tel système qui fragilise à ce point le personnel d'une entreprise, un personnel qui participe à sa réussite et qui peut légitimement attendre de cette entreprise qu'elle prenne en compte les risques pour la santé de ses salariés ?

Cela fait très longtemps que les syndicats ont pointé du doigt cette souffrance au travail, que l'on avait du mal à comprendre au départ. Des suicides, il y en a eu

1. Allégations qui ont été contestées par France Télécom Orange. La plainte SUD contre France Télécom Orange en tant que personne morale, et contre les 3 dirigeants cités, a été déposée le 14 décembre 2009.

avant 2009. En 2000 déjà, nous avons créé une "Commission stress", et des interventions ont eu lieu régulièrement dans les instances représentatives du personnel afin d'alerter la direction. C'est rageant d'entendre que cette même direction se défend aujourd'hui en disant "si vous nous aviez dit, on aurait réagi".

C'est parce que nous avions en face de nous une direction autiste que nous avons créée en 2007, avec la CGC, un "Observatoire du stress et des mobilités forcées".

Il s'agissait, pour nous, d'alerter l'opinion publique et nous avons réussi, quelque part, à imposer ce débat, à faire que l'État soit intervenu à propos de ce qu'il se passait à France Télécom Orange.

L'argument de la direction du style "nous ne savions pas" est complètement fallacieux, puisqu'ils ont attendu le dernier moment, à l'automne 2009, pour réagir et ouvrir des négociations avec les organisations syndicales, notamment sur les mobilités forcées.

On n'est pas encore sorti de cette guéguerre interne entre Stéphane Richard et Didier Lombard. Le second est entré en résistance, poussé par toute une équipe discréditée qui ne veut pas lâcher le pouvoir.

Les documents émanant des CHSCT ou des syndicats, certaines expertises à propos de tel ou tel événement dramatique, notamment les suicides, toutes ces pièces connues de la direction depuis des années, ont été transmis à l'inspection du travail qui a rendu son rapport. Un rapport qui nourrit la plainte que nous avons déposée.

La direction réinvente l'histoire pour s'affranchir de ses responsabilités.

J'ai dit un jour : "Nous ne pardonnerons pas." On ne peut pas pardonner, et laisser partir l'équipe Lombard comme s'il ne s'était rien passé.

Il y a eu des morts d'hommes et de femmes, des tentatives de suicide, des familles détruites et des milliers de salariés touchés par des méthodes d'un autre âge.

Si la direction n'écoutait pas ce que nous disions, c'est parce qu'elle bénéficiait d'un sentiment d'impunité, une impunité dont l'État était le garant. En 2006, les principaux dirigeants concernés justifient la mobilisation au sens militaire du terme. Ils nous disent qu'il faut y aller, que c'est la guerre… Ils ont élaboré un plan, et, tel un rouleau compresseur, l'ont mis en place et appliqué. Il a provoqué les dégâts que l'on sait.

J'affirme que le maître mot durant toute cette période était : "Ce n'est pas négociable !"

L'exemple le plus frappant concerne les fermetures de sites, que la direction a décidé de fermer un peu partout en France, prétextant une rentabilité insuffisante. Et cela sans la moindre négociation.

Il y a eu des grèves de la faim, des tentatives de suicide, des arrêts de travail en nombre, mais rien n'y a fait : il n'y avait aucune porte de sortie pour nous.

Pour la direction, nous laisser le moindre espace de négociation, c'était remettre en cause le sacro-saint plan de suppression de 22 000 emplois.

On pourrait nous dire : "Vous auriez pu réagir plus tôt." C'est vrai, mais ce n'est peut-être pas un hasard si cela arrive aujourd'hui. Il fallait sans doute que tout cela mûrisse.

La souffrance au travail n'est pas réservée aux seuls salariés de France Télécom. C'est une question aujourd'hui d'ordre sociétal.

Toutes les grandes entreprises en sont malades.

Avec une particularité chez nous : la façon dont ont été appréhendés les suicides, à la fois par les familles, les syndicats et la direction.

Il y avait une réticence naturelle à parler de ces drames, à chercher à savoir si l'organisation du travail avait joué un rôle dans le choix de tel ou tel de se suicider.

La direction a avancé systématiquement des raisons personnelles pour les expliquer.

C'est une posture un peu simple, et les enquêtes menées par les CHSCT ont démontré que le management à France Télécom Orange avait joué un rôle important dans ces suicides. Certains ont laissé des courriers expliquant leur souffrance, et pourquoi ils préféraient mourir que de continuer ainsi.

Pour ce qui concerne la direction, la mise en place d'un plan social classique s'avère impossible, sauf à modifier légalement la forme juridique de l'entreprise et le statut de ses employés : 70 % du personnel est fonctionnaire.

C'est pourquoi elle a mis en place ce plan draconien, appliqué au pas de charge, avec pour mission de faire partir un maximum de gens en un minimum de temps.

En même temps, France Télécom Orange n'a rien inventé, et n'a fait que reprendre à son compte les méthodes déjà testées dans les pays anglo-saxons. Celles-ci tendent à mettre le personnel en insécurité permanente, de manière à affirmer son emprise, et à faire passer les réformes envisagées.

Les patrons qui mettent en place un tel plan, ont d'abord un mépris incroyable vis-à-vis des salariés.

Ce qu'ils scénarisent, en fait, ce sont les suppressions d'emploi et les dividendes pour les actionnaires. Ont-ils prévu les risques sur la santé des personnels ? Je ne sais pas. À un certain stade, ils ont su qu'il se passait des choses graves, et ils ont fait semblant de ne pas voir, de ne pas savoir[1].

Mais cette dépression collective s'est transformée en brûlot. Et, ça, la direction d'alors, aujourd'hui discréditée, ne l'avait pas prévu. La crise est profonde, et les syndicats devront secouer la baraque pour faire changer les choses.

Les suicides vont continuer, hélas, et Stéphane Richard, le nouveau P-DG doit montrer qu'il a pris la mesure de cette crise pour prendre ses prédécesseurs à contre-pied.

Le procès que nous faisons à la direction concerne l'ancienne équipe. Celle-ci doit partir et rendre des comptes.

---

1. En novembre 2004, les élus du CE évoquaient leur grande inquiétude en constatant de quelle façon le service Orange perspective traitait 7 collègues marginalisés par les réorganisations. Procès verbal du 4 novembre 2004 : « SUD relève qu'il reste encore 7 personnes en redéploiement depuis presque 2 ans. Mme X.Y. souligne qu'il s'agit de fonctionnaires qui souhaitent aller vers la fonction publique [...] SUD prend acte de cette réponse, mais indique que ces personnes n'ont jamais fait part de leur volonté explicite de rejoindre la fonction publique. »

Cela va-t-il changer, à l'avenir, pour les employés ? Question cruciale. Une chose est sûre : la nouvelle direction ne doit pas se contenter de faire de la communication. La création d'emplois demeure fondamentale[1]. »

L'enquête est aujourd'hui en cours, c'est à la justice d'établir que des infractions ont pu être commises et par qui. Il faut rappeler à cet égard que la présomption d'innocence s'applique dans notre droit tant que la justice ne s'est pas prononcée de manière définitive. À ce titre, la direction aura à faire valoir son point de vue. D'ores et déjà, elle a fait savoir qu'elle contestait formellement la mise en cause de sa responsabilité.

---

1. Procès verbal du 3 février 2005 : « SUD rappelle que le groupe France Télécom a annoncé 8 000 suppressions de postes, dont 5 000 en France. Il souhaite savoir quelle va être la contribution d'Orange France à ce plan. La direction se dit donc incapable d'isoler la contribution d'Orange France à la politique du groupe en la matière. SUD souligne que cela sera pourtant bel et bien quantifiable à un moment donné. La direction maintient sa réponse négative. »

Chapitre 8

Depuis ma toute première convocation, début 2005, je me retrouve régulièrement sur le grill des DRH. Et cela six mois durant, à raison d'une rencontre de deux heures toutes les semaines. Des séances abracadabrantesques, où l'on veut faire de moi un oublié des formations, celui qui erre d'un service qui ferme vers un autre site menacé à son tour. En un mot : un vagabond sans fonction ni point d'ancrage permettant de travailler sereinement.

Problème pour mes tortionnaires, je ne me reconnais pas dans le portrait qu'ils veulent dessiner de mon destin, et je le dis haut et fort. Mais ils s'accrochent à leurs schémas, et je m'entends répondre que c'est moi qui refuse d'admettre la réalité.

Tout y passe.

« Vous êtes dans le déni, vous êtes atteint du syndrome de Cassandre, vous traversez une grave crise, vous êtes dans la colère, vous êtes dans la confusion, vous êtes déprimé. »

Serais-je ainsi le prophète du malheur ?

Cette situation est ubuesque, et leur « certitude » de savoir ce que je ressens, relève de la mascarade : en réalité, ils ne savent rien, et peu leur importe de connaître mes sentiments. D'ailleurs, eux-mêmes n'ont pas le droit d'en avoir, ça leur est interdit. Ils répètent à l'envi une leçon bien apprise, n'ayant d'autre objectif que de me faire plonger dans le scénario morbide qu'on les pousse à mettre en scène.

Face à ces attaques incessantes, je n'ai qu'un recours, faire comme eux, et répéter ce que je souhaite, moi : « Je demande simplement un avenant à mon contrat de travail. »

Et la litanie reprend. On n'est pas loin du lavage de cerveau prôné par certaines pratiques sectaires pour s'assurer de la soumission totale d'adeptes :

— Ne recommencez pas avec ça, vous savez que ce n'est pas prévu, décrivez-moi plutôt ce que vous faites…

— J'ai des partenariats avec des constructeurs étrangers, des échanges technologiques gratuits, je dépose des brevets avec mes collègues…

— Mais comment est-ce possible, puisque vous n'avez plus de poste ?

— On ne m'a jamais dit que je n'avais plus de poste.

— C'est pourtant ce qu'on nous a dit.

— Je continue à travailler tous les jours et que je sache, mes patrons n'ont pas à s'en plaindre.

Une fois, la belle Camille tente une autre approche, sur un ton beaucoup plus patelin mais avec des questions plus ambiguës encore :

— Arrivez-vous à savoir les raisons de vos échecs ?

— Pourquoi voulez-vous me parler de mes échecs… Si on évoquait mes réussites…

— Qu'est-ce qui vous concerne personnellement dans ces échecs ?

— Mais, je vous dis que ce ne sont pas des échecs, on a simplement supprimé mes budgets.

Elle me regarde en souriant et conclut :

— On ne vous comprend pas, Vincent.

Je sors épuisé de ces séances. Car du face à face, il ne reste rien. Seules ma chemise et ma veste trempées témoignent de l'épreuve que je viens de subir. Et chaque fois, je m'interroge :

— Pourquoi devrais-je supporter ça ?

*

C'est seulement aujourd'hui, avec le recul, que je réalise ma soumission à la règle du jeu : jamais je n'ai songé à refuser de me rendre à l'une de ces convocations ! Et pourtant, je savais, avant même d'aller à Orange perspective, que le rendez-vous serait stérile.

Je ne pouvais ignorer que le discours négatif de mes interlocuteurs resterait le même : « Vous n'avez plus d'avenir ici, tout est bouché pour vous… »

En fait, c'est la mise en demeure par courrier recommandé qui, chaque fois, me pousse à me déplacer. Ayant toujours été un bon petit soldat, comme on me donne un ordre, j'obéis. Je reconnais aujourd'hui que cette attitude incohérente confinait au masochisme.

Mais, à l'époque, je ne me prête à cet exercice que par passion pour le travail que j'effectue au centre d'innovation. Ce que je défends, c'est l'envie permanente de l'équipe de se surpasser par la mise au point de prototypes performants, d'inventer et de déposer des brevets au nom de France Télécom Orange. Évidemment, je suis vraiment abattu quand certains de mes collègues reviennent, à leur tour, de ces mêmes entretiens destructeurs vidés de leur énergie, sous le joug d'une pression qui les détruit de l'intérieur, selon un processus lent mais sûr : une séance de plus, un souffle de vie en moins…

On plaisante volontiers entre nous sur ce que l'on appelle le « reformatage de disque dur », méthode perverse par laquelle les dirigeants entendent nous persuader que notre perception de la réalité est erronée. En fait, ils parlent « vente » quand nous discutons « concurrence ». Ce qui nous motive, au centre d'innovation, c'est la mise au point de nouveaux produits grâce auxquelles nous serons les meilleurs, les plus rapides, les premiers sur le marché mondial du mobile ou d'Internet. Nos chefs et sous-chefs, eux, discutent de guerre commerciale, seule à même de justifier la mobilisation des troupes. Leur objectif n'est pas de créer de la plus-value mais de détruire des emplois pour faire d'énormes économies. Et quand ils expédient les rescapés du licenciement ou de la démission sur les plateformes téléphoniques sans que cela soit dans leurs compétences ou capacités, ils n'ont qu'une seule obsession : vendre.

Notre préoccupation première ne devrait-elle pas être d'inventer ce que nous allons proposer aux clients ? D'autre part, on nous parle sans cesse de l'offre. Des meetings « *Simplicity* » fleurissent un peu partout.

*

Comme on nous dit à longueur de journées que notre perception est fausse, nombre de mes collègues finissent par craquer. Les méthodes employées sont aussi sourdes que révoltantes. D'un côté, on feint de rassembler les troupes pour faire la guerre ; de l'autre, on procède à une sélection barbare de ceux qui devront livrer bataille. Quand nos managers se succèdent afin de parler de « *head count review* », ils ne s'embarrassent pas de circonlocutions d'usage pour compter les têtes. Leur but est d'en faire tomber un maximum avant la réunion du mois suivant.

Celles et ceux qui sont frappés d'indignité et renvoyés chez eux n'ont aucune importance aux yeux de la hiérarchie. D'ailleurs, ces éclopés qui vont remplir les hôpitaux, enrichir les pharmaciens ou éventuellement choisir de mourir, ils ne les ont jamais approchés. Ce sont leurs propres officiers qui ont fait le sale boulot.

*

Le 20 octobre 2006, Didier Lombard, flanqué du DRH Olivier Barberot, est on ne peut plus clair face aux cadres supérieurs du groupe rassemblés dans une association, l'ACSED :

« Je ferai les 22 000… en 2007, je ferai les départs d'une manière ou d'une autre (…) Nous avons décidé de mettre en place des procédures pour alléger les effectifs, congés de fin de carrière, mobilités vers la fonction publique, projets personnels accompagnés, mais ça ne marche pas assez bien. Pourquoi ?

D'un point de vue managérial, on n'a pas la culture de suggérer à nos collaborateurs qu'ils seraient mieux dans la fonction publique. La maison est une mère poule qui récupère les gens y compris en créant des emplois artificiels là où il n'y en a pas besoin (…) Souvent, ils ne veulent pas aller face aux clients, mais la maison ne survivra pas si les fonctionnaires ne veulent pas aller face aux clients. Si on n'arrive pas à faire ça, on n'échappera pas à des mesures plus radicales. »

Impossible d'être plus explicite, cynique et… inconscient des réalités. Car, à France Télécom Orange, la mère poule a tué ses petits. Voilà la triste réalité !

C'est Olivier Barberot, le DRH, qui annonce le régime draconien prévu en 2007 :

« On ne va plus être dans un discours basé sur un volontariat un peu mou, on va être beaucoup plus systématique (…) C'est fixer une liste nominative et commencer une démarche de coaching et d'accompagnement soit vers un domaine prioritaire soit à l'extérieur du groupe (…) Ce qui compte ce sont les clients, ce qui compte c'est de faire de la croissance profitable… On regarde les sites économiquement viables, puis on rencontre les gens et tout se complique car ce ne sont plus des chiffres qui sont en jeu, on est dans une considération humaine. Mais c'est la logique business qui commande. C'est ainsi que pour réussir ACT[1], on va mettre en place un crash programme !

Pour moi, j'aurai échoué si on ne fait pas les 22 000 départs. Pour le groupe, c'est les 7 milliards d'euros de cash-flow. »

Des chiffres, seulement des chiffres. Voilà donc comment nos dirigeants parlent alors des femmes et des hommes de l'entreprise ! Des chiffres partout, pour compter les têtes qui doivent absolument tomber, les sites à effacer, les sommes à économiser.

« On rencontre les gens et tout se complique », déplore Olivier Barberot. Mais n'est-ce pas précisément le travail des ressources humaines qu'il dirige, que de « rencontrer » les gens, leur expliquer, les mettre en confiance ? Bien sûr, il est tellement plus simple de se trouver face à un tableur Excel : lui, au moins, ne répond pas, ne rechigne pas, ne souffre pas, ne se tue pas.

*

En cette fin d'année 2006, nos patrons ont à l'évidence un gros handicap pour pousser hors du groupe les 22 000 salariés prévus : les managers en charge d'appliquer leur plan ne sont pas tous prêts.

1. ACT, surnommé en interne : « Allez ! Casse-toi ! »

Qui irait d'ailleurs, en sifflotant, chercher son fusil pour rejoindre le peloton des exécuteurs ? Tout homme normalement constitué devrait se montrer rétif à cet ordre militaire.

Françoise Sironi, ethnopsychiatre, maître de conférences à Paris 8, a analysé ce qu'elle nomme « les mécanismes de la destruction de l'autre ». Et j'ai retrouvé récemment le texte de l'une de ses conférences au Collège de France en 2001, éloquent à mes yeux. Elle y citait en effet plusieurs exemples de ses patients en cours de traitement « devenus à divers degrés, comme un autre les avait pensés ». Se glisser dans le costume du bourreau n'est donc pas simple, et Françoise Sironi est convaincue qu'on « ne naît pas bourreau, on le devient ». Par initiation, d'abord : l'homme accepte d'être affilié « à un monde à part », perd peu à peu « sa capacité d'empathie ». Dans la formation du futur bourreau, les initiateurs vont jouer de la flatterie : il a été choisi, il appartient au groupe des « forts », et ses qualités sont nombreuses, même s'il les ignorait jusqu'ici. Les formateurs vont ensuite convaincre « l'élu » qu'il doit oublier « sa vie d'avant ». Sa mission requérant une mobilisation complète, le passé pourrait perturber la bonne marche du processus. Il s'agit alors de « reconstruire une nouvelle identité », qui s'appuiera sur la force de conviction, la bravoure et l'appartenance à un groupe à part. « Il y a le propre et le sale, le dedans et le dehors », écrit Françoise Sironi. Ainsi formé, le bourreau est opérationnel.

Ces mots, posés par cette « spécialiste de la torture », collent-ils à ce que j'ai pu ressentir au cours de ces années à France Télécom Orange ? Sur certains aspects, j'y ai trouvé du vécu. Cette intervention de Françoise Sironi m'a en tout cas permis de comprendre comment des femmes et des hommes ont un jour accepté de tenir un sale rôle.

Le seul problème – de taille ! –, c'est que l'ethnopsychiatre évoquait alors... la formation des bourreaux à l'époque du régime des colonels en Grèce, ou des séides de Pol-Pot au Cambodge. Sans le savoir, nos dirigeants ont inoculé, dans un autre registre, ce même virus à leurs managers !

*

Ma conception de la vie et de mon passage sur terre n'étant pas celle-là, j'ai refusé de devenir bourreau.

Et je me pose cette question : comment font les managers intermédiaires, dont j'ai fait partie, pour motiver des collaborateurs qui peuvent être éliminés du jour au lendemain ? Et qui le savent ?

Personnellement, je serais incapable d'y parvenir. Si la passion et la joie de venir le matin au bureau laissent la place à la trouille, ce qui est le cas en l'espèce, tout ne peut aller que de mal en pis.

Au final, tout le monde passera devant le peloton d'exécution, y compris ceux qui, par le passé, ont eu le privilège de donner l'ordre de tirer. Nombre de managers-harceleurs occasionnels, enrôlés pour une hypothétique promotion, ont d'ailleurs été passés par les armes à leur tour. Seul le Prozac leur permet de se regarder dans un miroir à leur réveil. Et quelques mois plus tard, au lieu de se rendre au travail où l'on ne veut plus d'eux, ils se dirigent vers les cabinets de psychiatres. Ainsi va la triste vie des manipulateurs manipulés !

Chez nous, au centre d'innovation, ces managers passent furtivement et on ignore tout de leur sort. Ceux qui survivent sont mutés dans des services sans rapport avec leurs fonctions, ou sont priés de se trouver un nouveau job au sein du groupe. Ils ont été de bons exécuteurs de basses œuvres, ont atteint leurs objectifs et contribué au départ de dizaines de leurs collaborateurs. En guise de remerciement, les voilà sacrifiés à leur tour.

Chapitre 9

Mon existence à France Télécom Orange ne tient plus désormais qu'à un fil, celui du téléphone. Mes conférences téléphoniques le matin avec Pékin, avant mes entretiens à la DRH, puis les contacts avec Chicago, au retour de mes convocations, me maintiennent la tête hors de l'eau. Si je résiste, c'est parce que je parviens à m'évader.

Ces échanges quotidiens avec mes interlocuteurs à l'ouest ou à l'est de la planète sont ma ration de survie. On continue de me nier au sein de ma propre entreprise, mais, depuis mon placard, je suis écouté, respecté et mes idées intéressent à l'étranger.

Étant moi-même source d'innovation, je suis « autosuffisant », et n'attends plus rien de mes coéquipiers. Ils n'ont d'ailleurs pas l'intention de me donner quoi que ce soit, puisqu'on leur dit que je ne suis déjà plus là. Pour eux, je me trouve en sursis.

Les collègues du bureau me regardent d'ailleurs comme un type atteint d'une maladie inconnue, dont les premiers symptômes seraient d'énormes auréoles blanches sous les bras maculant un costume sombre, un regard perdu dans un visage livide, un pas soudain plus lourd malgré la perte de poids.

La collégialité, ciment de notre équipe jusqu'ici, a volé en éclats. La peur a pris toute la place. C'est le sauve-qui-peut général.

Hier encore, on refaisait le monde autour de la machine à café ; mes collaborateurs le refont désormais sans moi. On se retrouvait autour d'un verre après le boulot, une façon de souder l'équipe ; aujourd'hui mes invitations sont déclinées : « Désolé Vincent, je dois rentrer plus tôt que prévu… une autre fois, peut-être… » Il n'y a jamais d'autre fois.

Le climat délétère touche chacun. Comme dans un jeu de téléréalité, on cherche avec qui on va faire alliance, qui est invité aux réunions et qui ne l'est plus, on s'observe derrière les écrans d'ordinateur. Personne n'éprouve une once de pitié pour le condamné qui se débat en vain :

— Dis-donc, tu as reçu le dernier rapport, tu peux me l'envoyer par mail ?

— Oui, pas de problème, je te l'envoie.

Mais on ne l'expédie pas, car on sait bien que le demandeur en question n'est déjà plus là, et qu'il serait dangereux d'apparaître comme un soutien de celui dont on ne veut plus. Je disparais ainsi des listes de diffusion de documents d'information internes, on ne me convie plus aux réunions. Et je me mets à entendre des réflexions du genre : « Il est en train de se faire reformater le disque dur, on va voir s'il va s'en sortir. » Ou : « Ça sent le sapin. » Voire : « Ça sent le rat crevé, par ici. » Je suis là, mais je n'existe plus. Et l'humanité minimale s'est évaporée.

Un univers très proche de celui de la télé-trash, à cette différence près qu'il n'y a pas d'aide du public, et que la sanction est irrévocable.

*

Puisqu'on passe désormais devant moi comme devant un meuble ou une plante grasse, je dois m'en sortir seul et sauver les apparences par l'apport de travaux… que mes supérieurs rejettent les uns après les autres.

Nos échanges verbaux se transforment en parties de ping-pong dont je suis l'éternel battu :

— Je vous apporte ceci…

— On s'en fout…

— Je vous apporte ça, c'est mon travail…

— On s'en fout…

— Je vous apporte encore ça, c'est mon travail, c'est pour ça qu'on me paye tous les mois.

— On s'en fout ! ! !

Travailler contre ses patrons ou malgré eux est un calvaire. Je crée, j'innove, mes inventions sont développées… mais jamais on ne m'en accorde la paternité. Logique : ma hiérarchie me dit qu'« elle s'en fout », et les DRH, que « je n'ai plus de poste ». Au moins ai-je la satisfaction personnelle de voir certaines de mes idées reprises par d'autres.

On a les petits bonheurs qu'on peut !

Pour ne pas sombrer, je m'impose aussi un régime draconien de champion : course à pied tous les jours, piscine, surveillance alimentaire. Un défoulement important pour mon équilibre, qui me permet de tenir bon dans les épreuves. Transpirer, dans le sport, c'est se débarrasser du stress pour conserver uniquement une énergie positive. Car un danger me guette – celui de voir la haine me submerger –, et une crainte me taraude : donner raison à cette DRH qui nourrit l'espoir que l'usure du temps finira par éroder mes nerfs et me fera exploser.

*

Au bureau, la valse-hésitation des chefs se poursuit.

Ils arrivent, ils repartent, et ce avant même qu'on ait le temps de s'habituer à eux. Le chef le plus spectaculaire, le plus caricatural que l'on ait connu, c'est Karl[1], qui a déboulé un beau matin sans crier gare, alors qu'il faisait parti d'une autre filiale Orange. De sa voix gutturale, il présente sa théorie du jeu d'échecs selon lui adaptée à notre situation :

— Pour gagner à ce jeu, il faut savoir bouger, s'adapter à tout moment. Et si je dis : il faut se placer là et pas ailleurs, il faudra le faire…

L'homme hausse le ton – mais sait-il parler ? –, son front perle dès qu'il donne une injonction.

1. Le prénom a été changé.

Au cas où nous ne l'aurions pas compris, il précise : nous sommes des pions déplacés sur un échiquier [1]. Et de faire trembler les murs (et pas seulement les murs) en rappelant tout haut qu'aux échecs, on sacrifie volontiers les pions au profit des pièces plus prestigieuses ou aux pouvoirs supposés. Une métaphore lourde de sens… et qui n'a pas tardé à transformer, dans notre centre d'innovation, l'absence de solidarité en guerre civile larvée.

Chaque soumis devient l'ennemi de son voisin de bureau, à qui il n'adresse plus ni regard ni mot. Et jouer « la transversalité entre les équipes », un des mots d'ordre lancés par la direction, relève de la gageure.

Cédric Paroust, lui, ne se montre guère.

C'est l'homme passe-muraille. Costume sombre et chemise bleue, on ne l'aperçoit que furtivement, et toujours de loin. Il joue les intouchables, accessible aux seuls initiés. S'il veut grimper les barreaux de l'échelle hiérarchique pour satisfaire son ambition, il doit réussir sa mission : pousser hors des murs un maximum de collaborateurs.

D'où la guerre à distance qu'il a allumée, puis entretenue, entre les ingénieurs du département Recherche et Développement de la maison mère, et

1. Début 2006, la DRH France interroge Karl. Il affirme que je ne suis pas dans son équipe, mais que je travaille pour Orange Boston, aux États-Unis… Fin 2006, une voix douce m'annoncera, suite au départ de Karl à la retraite – quoique travaillant toujours pour Cédric en tant que consultant –, mettre à jour l'organigramme, et me demandera le nom de mon chef. Quand elle entendra que Cédric Paroust m'envoie des ordres par courriers recommandés, elle raccrochera.

les acteurs créatifs – et dérangeants – de notre centre d'innovation, traité en filiale-rivale de France Télécom... « Diviser pour régner. » Paroust a fait sienne la célèbre devise.

En 2005, alerté par le discours flou de Cédric Paroust, les élus au comité d'entreprise tentent d'établir un dialogue social le 3 février [1], le 10 mars [2], le 7 avril, le 12 mai, 6 juin [3] et le 21 juillet [4]. Après 16 mois de ce dialogue social, ils découvrent que ce sera encore Cédric Paroust qui va se changer de l'*ensemble* du Corporate Groupe de France Télécom.

*

Ce type de priorité, fondée sur l'ego de chefs qui ne roulent que pour eux-mêmes sera lourd de conséquences pour l'entreprise.

---

1. Procès verbal du 3 février : « CFE-CGC s'enquiert de ce qui est advenu des personnes ayant quitté la recherche et l'innovation. La direction répond qu'elles ont toutes rétrouvées un poste. »

2. Procès verbal du 10 mars : « CFTC souhaite savoir dans quelle entité ils travaillent aujourd'hui. La direction ne sait pas répondre de manière précise. »

3. Procès verbal du 6 juin : « CGT note qu'à la page 11 (Recherche & Innovation), 13 personnes ont vocation de partir. Or seules 10 d'entre elles sont repositionnées. [...] CFTC demande à quel endroit sont repositionnés les 10 salariés d'Orange innovation. La direction ne dispose pas, dans l'immédiat, de l'information. ».

4. Procès verbal du 21 juillet : « Quels liens entre France Télécom R&D et Orange France puisque Orange innovation n'existe plus ? La direction reconnaît que Orange innovation n'existe plus. »

Dès 2002, notre équipe a mis au point les systèmes permettant de capter internet sur le téléphone mobile. Des services sur le browser respectant vraiment les standarts, en avance sur les leaders Google et Microsoft. Nous avons réalisé des démonstrations, et nos dirigeants ont constaté que cela marchait. À voir leurs têtes, pourtant, j'ai le sentiment qu'on leur parle de science-fiction. Pour eux – et ils le disent –, « ce projet est trop stratégique et ne donnera pas lieu à exploration ». Je leur répétais : « Personne ne tombe amoureux d'un wap, windess access protocol ! » Aveuglement du leader ?

Mais quelques années plus tard, l'iPhone d'Apple voit le jour avec, dans son cerveau, un système quasi identique au nôtre.

Prise au piège de son propre « déni » technologique, la direction de France Télécom a alors tenté de limiter les dégâts en négociant, à prix d'or, l'exclusivité de la diffusion de ces nouveaux mobiles… américains.

Simple parade pour tenter de contenir la très puissante déferlante américaine. Un pis-aller regrettable. À jouer petit bras, on perd toujours son match !

*

Ce que je vis au bureau, subis lors des entretiens sans fin à la DRH, je n'en fais pas état chez moi. Lorène devine que je ne vais pas bien et tente de savoir ce qui se passe. Mais je cloisonne, je tais mes problèmes. Je ne veux pas que ma compagne sache à quel point je souffre de ce sentiment d'injustice. Elle ne peut imaginer l'enfer de notre vie au bureau.

Mes réponses à ses questions légitimes sont très laconiques et à peu près toujours identiques :

— J'ai vu la DRH, ils m'ont raconté n'importe quoi…

Ma femme n'insiste pas, préférant tenter de m'intéresser à autre chose. Je joue le jeu. Une soirée chez des amis, une invitation chez mes beaux-parents, sont autant de lieux « sacrés » où je m'interdis de parler boulot. Une séparation essentielle pour préserver ma santé mentale. Ce dont j'ai conscience. Et un matelas protecteur qui devient bientôt une priorité lorsque Lorène m'annonce être enceinte.

Le jour où elle me confie cette bonne nouvelle, une joie intense m'envahit. Notre premier enfant va nous rejoindre ! Le premier, j'espère, car mon rêve est de fonder une famille avec des bambins qui courent partout et font du bruit. Une famille qui ressemble à celle de ma petite enfance.

Comme ce projet passe par une forme de sérénité, je plante une cloison encore plus étanche entre l'enfer et le paradis. On m'enlève toute perspective professionnelle en me harcelant, je vis une situation folle à France Télécom Orange, mais je ferai tout pour préserver la construction de notre famille. Je décide donc d'agir au jour le jour.

On me détruit d'un côté, je construis avec ma femme de l'autre : l'équilibre est fragile, mais essentiel. Je ne peux m'empêcher de penser à ce qu'il risque de m'arriver demain, mais je ne m'autorise pas le droit de partager cette angoisse avec les miens. Je ne veux pas que notre couple puisse souffrir du délitement que connaissent tant d'unions si l'un des deux s'étiole au travail. Tous les jours, je maintiens ma vigilance, et n'ose imaginer ce qu'il serait advenu de moi (et de mes propres choix en la matière…) si je m'étais retrouvé seul, comme en 1999, lorsque ma première compagne m'a quitté.

Mais si cette famille en gestation est l'un de mes boucliers, si mes contacts avec des boîtes innovantes, comme Nokia, LG, Motorola, me nourrissent tout en me donnant l'impression d'être encore utile, le lourd sentiment de gâchis qui me gagne en songeant à tout ce qui a été accompli avec mes collègues, est si pesant que je redoute d'avance la violence de la chute, inéluctable.

Témoignage

Dominique : « Se rendent-ils compte de ce qu'ils ont fait ? »

C'est une femme abattue qui prend la parole, mais elle le cache bien. Si elle accepte de nous rencontrer, c'est parce qu'elle veut témoigner, pour tous les autres, pour ceux qui restent.

Un matin d'octobre 2009, Dominique part faire des courses. À son retour, elle trouve son mari pendu. Didier est mort.

Pour la première fois, depuis longtemps, elle ne lit pas de souffrance sur son visage. Pendant plusieurs années, elle l'a vu s'enfoncer dans la dépression. Lui qui était si vivant, si actif, ne pensait qu'à la mort. Et elle se sentait impuissante.

Progressivement écarté des projets passionnants auxquels il avait participé jusqu'alors, Didier n'a pas vu le mal venir, puis l'envahir. Il a perdu ce combat inégal contre une machine qui l'a peu à peu broyé. L'ingénieur brillant est devenu un homme sans ressort, au dos rond et au regard absent.

Il avait 48 ans, et, malgré l'amour de sa femme et de ses enfants, il a choisi la mort pour ne plus avoir mal.

C'est cette agonie que Dominique a accepté de nous raconter :

« Je ne sais pas s'ils se rendent compte de ce qu'est une entreprise, de ce qu'est un homme. Ces derniers temps, mais depuis longtemps déjà, Didier ne savait plus où était sa place. À la maison non plus. Il était devenu agressif avec moi, parfois avec les enfants. Il cherchait sa place alors qu'elle était là, avec nous.

Dans une lettre en 2006, déjà, il écrivait :

"Suis-je à ma place ? Quelle place trouver ? J'ai besoin d'amis, d'entourage et de vie sociale, je ne veux plus de ce poids qui m'oppresse chaque matin quand je vais au travail et que je ne sais pas comment va débuter la journée." Il ne savait plus qui il était, ce qu'il valait ni où il allait.

Dernièrement, il avait appris que le poste de Rennes qui lui avait été promis ne serait pas pour lui. Ce jour-là, une collègue l'a vu toute la journée, assis à son bureau, devant son ordinateur éteint, la tête entre les mains. Il gémissait : "Je suis nul, je suis nul, je suis nul."

Quand il est rentré le soir, il était abattu, même pas en colère, il m'a simplement dit :

— C'est pas bon pour Rennes, ça marche pas.

Il culpabilisait, il ne savait plus ce qu'il était capable de faire, il n'était plus acteur de sa vie, il n'était plus personne, plus rien. Sa seule posture, les bras ballants, marquait comme un signe d'impuissance.

Ces phases psychologiques jusqu'à la mort, nous les avons toutes vécues, et s'il n'a pas pu sortir de la dépression, c'est parce que tout en lui était atteint.

La dépression pour Didier ? Des nuits sans sommeil malgré les médicaments. Il était allongé, les yeux ouverts, avec ses idées noires dans la tête. Impossible, pour lui, de s'en débarrasser. On ne pouvait plus l'aider, il errait dans son monde, inaccessible. La souffrance était permanente.

Je souffrais de le voir ainsi détruit et lui souffrait de me voir si mal.

J'ai vu la destruction physique et psychologique de l'homme que j'aimais. Il ne vivait plus, il n'était déjà plus sur terre.

Le suicide, il en avait déjà parlé plusieurs fois. Je lui disais : "Tu ne peux pas partir comme ça, il y a les enfants." Même ses enfants qu'il aimait tant, n'ont pas suffi à l'empêcher de passer à l'acte. Ce n'était pas assez fort pour le retenir. Il était détruit.

Ce matin-là, je ne suis partie que deux heures de la maison. Et quand je suis revenue, Didier était en paix. J'ai vu sur son cou une marque de strangulation et sur son visage, la paix. Il était enfin heureux. Trouver la paix dans la mort, c'est quand même grave.

Oui, ils ont pris la vie de mon mari.

Didier avait des projets, ils l'ont achevé.

Il ne s'aimait plus, il ne prêtait plus attention à lui, à ce qu'il était.

Il ne se voyait plus d'avenir dans son travail, et ne se projetait plus dans sa propre famille. Il n'avait plus la force, il était simplement malheureux et n'en pouvait plus.

Mes enfants sont révoltés. Ils ne le montrent pas et continuent à vivre parce que je le fais, mais ils sont révoltés.

Dans le mot qu'il a laissé, il y avait une pensée pour chacun de ses enfants, un mot pour moi et un pour son employeur qui a provoqué ce mal qu'il n'a pas repéré tout de suite et qui l'a emporté.

Est-ce que ces gens, à France Télécom, se rendent compte de ce qu'ils ont fait ? »

Chapitre 10

France Télécom Orange n'est pas à un paradoxe près. Les DRH m'ont écrit que je n'ai plus de travail depuis novembre 2004 ; Cédric Paroust, lui, ne m'a jamais tenu ce langage, et continue de diffuser des organigrammes sans noms. Je reste coincé entre des messages contradictoires, sans avenant à mon contrat de travail. Je poursuis mes interventions en public. J'engrange des partenariats à tour de bras. Je prends la parole devant un parterre de plusieurs centaines d'experts qui m'applaudissent à tout rompre, sortent leurs agendas pour m'inviter, moi.

Mais en janvier 2006, le couperet tombe. Un courrier de Cédric Paroust m'interdit de participer à ces conférences internationales. Le prétexte ? Je ne sais. Sans doute craint-on que je divulgue des données confidentielles. Mais quel secret pourrais-je trahir quand je vais simplement exposer les résultats de travaux déjà brevetés ? Quel but poursuit-il ? M'isoler de la communauté d'experts qui me reconnaissent comme un des leurs ? L'organisation mise en place par Cédric Paroust m'a déjà isolé au sein même de mon équipe corporate, le fait de m'écarter de la communauté d'experts internationaux où j'étais écouté et respecté signe mon arrêt de mort. Car en septembre 2006, Cédric Paroust m'écrit un deuxième courrier recommandé pour m'interdire à nouveau de participer à ces conférences.

En fait, ce qu'il m'arrive reflète notre situation au centre d'innovation, où des managers à durée limitée jouent du « pipotron », cet instrument à parler dans le vide, et ne semblent pas apprécier ou comprendre l'intérêt de nos travaux créatifs. Ainsi font-ils barrage à la voie inventive de leurs troupes, dont ils pourraient pourtant, au final, tirer des bénéfices personnels.

*

Étant empêché de me rendre à ces conférences, je demande à mes collègues d'Orange Suisse ou Angleterre d'y aller à ma place. Je leur apporte tout mon soutien dans la préparation de leurs interventions. Trop bon... ? Rempli jusqu'ici de cases vides, le nouvel organigramme du centre d'innovation est de plus en plus précis. Et si certains voient progressivement leurs noms s'afficher sur ces schémas, ni le mien ni celui de mes collègues Lionel ou Christian n'apparaissent.

Comme s'il se voulait rassurant, Cédric Paroust nous dit que tout ceci est provisoire et peut encore changer. La recherche-développement, l'explocentre, la technocentre, Orange valley vont être rapatriés à France Télécom, mais on ignore à quel endroit nous serons réunis. La seule information dont nous disposons, c'est que nous serons les derniers à faire nos cartons.

Comme s'il craignait de paraître parmi nous, Cédric n'apparaît plus qu'en visioconférence. Et un jour, l'homme aux lunettes d'acier nous annonce que notre immeuble va peu à peu se vider, que notre déménagement précédera le coup d'envoi des travaux prévus à notre étage. Plus tard, nos assistantes nous informent qu'une visite des nouveaux locaux d'Issy est organisée. Fabrice Girard, le responsable logistique du site, nous envoie par mail les plans provisoires. Sur place, nous découvrons alors notre espace « paysager », ainsi que le bout de planche sur pied et la chaise réglementaire à cinq roulettes habituels. Bonne surprise : sur le plan aucun nom ne signe les emplacements, plus nombreux que les effectifs. Un point rassurant auquel chacun s'accroche. « On pourra même prendre des stagiaires ! » lance un collègue.

Hélas, il s'agit là d'un plan provisoire. En attendant, les « *business partners* RH » continuent leur travail de sape[1]. Pour ma part, j'ai pris soin de répondre par courrier recommandé à Cédric Paroust que j'ai le sentiment que l'on cherche un

1. Procès verbal du CE du 1er juin 2006 : « Un élu du CE signale que l'on ne retrouve pas dans le document où se trouveront les 16 000 suppressions d'emplois en France. La présidente explique qu'il est normal que l'on ne retrouve pas dans le dossier l'impact de ces suppressions d'emplois car elle rappelle qu'elles correspondent aussi à des départs naturels en CFC ou retraite par exemple. »

motif personnel pour m'évincer de mon poste, alors que le vrai motif me semble être économique. Le directeur financier annonce dans la presse 22 000 suppressions d'emplois. Quand les élus du comité d'entreprise veulent en savoir plus, ils n'obtiennent aucune réponse explicite.

*

L'arrivée de notre premier enfant approche, et nous nous y préparons avec minutie. Une fée de l'accouchement nous guide : Bernadette de Gasquet, médecin, maman et prof de yoga. Son programme, qui associe bien-être et maternité, ne peut que séduire Lorène. Et c'est volontiers que j'accepte de l'accompagner chaque semaine pour ces séances qui me font prendre conscience de mon futur rôle de père.

Parler de la vie me remplit de joie. Ces moments constituent des dons du ciel, à l'heure où j'affronte une DRH (au sens large) plus qu'hostile et m'accroche à mon travail alors même que mes managers me poussent à l'abandon.

Je me retrouve entouré de femmes au ventre rond, qui viennent exprimer ce qu'elles ressentent. Entre elles, elles parlent librement. Chacune évoque un problème différent, et espère trouver au cours de ces séances des réponses. Elles apprennent à respirer, à s'étirer, évoquent les postures les plus favorables à l'expulsion du bébé.

Des instants magiques qui m'aident à tenir bon. Grâce à toutes ces femmes enceintes, je me sens reconnecté à l'essentiel. J'apprends à écouter et à respirer. Et quand l'irrationnel gagne notre open space, quand la mort rode au-dessus de nos computers, je songe à ces instants passés aux côtés de personnes sensées, dont la belle mission est de préparer à donner la vie.

Le jour dit, je suis là, en blouse blanche. Je tiens la main de Lorène sur ce chemin merveilleux que représente l'arrivée de notre premier enfant. Une caméra au poing pour ne rien manquer de l'événement, je joue au reporter afin d'être au plus près de ma femme, et de notre fils quand il se présentera enfin. Dès cet instant, je sais que plus rien ne sera comme avant. Désormais, je devrai me battre aussi pour lui. Je le retrouverai chaque soir aux côtés de sa maman épuisée par ses pleurs, mais heureuse. Et si je dors peu, cette fois, c'est pour ce petit être qui vient de donner un nouveau sens à mon existence. Et dont je devrai assurer l'avenir.

*

Au bureau, c'est le flou le plus complet quant à notre futur immédiat. Je ne me fais guère d'illusion sur le mien, quand régulièrement, comme un métronome, Patrice, redevenu simple soldat dans l'armée de Cédric Paroust, m'interpelle pourtant :

— Arrête ce que tu fais et trouve-toi un poste…

Il ne comprend pas ce que nous réalisons, largué. Seule sa signature au bas de nos projets écrits paraît éveiller sa curiosité. C'est sa raison d'exister. Je l'en plaindrais presque… Pour nous débarrasser de ses aboiements et de ses appels incessants au départ de l'entreprise, on lui envoie nos résultats. Et comme il ne parvient pas à en juger la pertinence, il nous arrive de lui faire parapher n'importe quoi. Certains font du copier-coller de normes sur Internet, et il paraphe un papier vide de sens. Le gâchis des cerveaux se met en place : méthode désolante, s'il en est, la seule trouvée par certains pour neutraliser un management incompétent.

En fait, nul ne sait précisément quelles fonctions il occupe au sein de l'organisation. Seul fonctionnaire du centre d'innovation, sa priorité consiste à prévoir le nombre de personnes à occuper pendant les mois suivants. « Tu me staffes 15 personnes sur 10 mois… » dit-il fréquemment en évoquant ceux que nous payons à France Télécom R&D qui travaillent pour nous.

*

Nous ignorons aussi ce qui se trame au plus haut niveau de la hiérarchie, mais je perçois que le déménagement annoncé depuis longtemps sera déterminant.

Susanna et Barbara, nos assistantes, m'alertent un jour :

— Le déménagement approche et tu n'es sur aucune liste. Ni Lionel, ni Christian… d'ailleurs. Vous devriez vous manifester.

Le sale coup se préparant, je multiplie les mails pour savoir qui est responsable du déménagement.

Je tombe alors sur un certain Gilles [1] qui travaille avec une prénommée Joséphine [2]. Comme je lui signale par mail que nous sommes trois à ne pas apparaître sur les listes, il me répond de manière très laconique : « Vous n'êtes pas prévus ! Je n'ai pas d'ordre de Cédric Paroust. »

De juin à septembre 2007, je multiplie les coups de fil et les mails, tout en continuant à travailler. Le bail va se terminer et nous allons partir, c'est écrit, mais personne n'est capable de répondre à une question pourtant simple : « On déménage quand et qu'advient-il de nous ? »

On me renvoie alors vers Joséphine : « J'ignore la date, mais de toute façon, vous n'apparaissez pas. Adressez-vous à votre manager. »

J'appelle donc Paroust, qui, pour une fois, décroche :

— Allô, oui, c'est Cédric…

— Bonjour, c'est Vincent Talaouit.

— Heu, désolé, je rentre en réunion.

Et il raccroche…

Je n'ai pas eu le temps de lui expliquer quoi que ce soit qu'il se met déjà aux abris. Sentant le vent mauvais souffler sur nos têtes, j'écris coup sur coup cinq courriers recommandés pour donner l'alerte à nos patrons. Avec un message clair : « Nous ne sommes sur aucune liste. Qu'a-t-on prévu pour nous ? »

1. Le prénom a été changé.
2. Le prénom a été changé.

Le 18 septembre 2007, trois jours avant le déménagement, une réunion téléphonique s'organise entre les responsables logistiques. Joséphine nous invite à y participer…

— Non, non, vous n'apparaissez nulle part, on ne sait pas ce qu'on va faire de vous.

— Mais nos cartons sont prêts…

— Vous n'êtes pas prévus… vous serez sous les gravats, qu'est-ce que vous voulez que je vous dise !

Elle doit forcément plaisanter, me dis-je in petto. Mais la crainte de me retrouver au milieu des grues ne me quitte plus. Aussi je décide d'en avoir le cœur net.

Mon enquête interne me mène jusqu'à Henri[1], un DRH dont la réputation n'est plus à faire : « Vous vous mêlez d'un processus qui n'est pas le vôtre… me dit-il par mail. Vous déménagerez comme tout autre salarié du groupe… Quand votre tour viendra. » Tous mes collègues concernés par le déménagement reçoivent ce mail en copie. Ils restent sans réaction, simples témoins tétanisés.

Quand j'insiste – « Mais que fait-on, notre service déménage ? » –, aucune réponse ne vient… Enfin si : une expédiée en recommandé neuf semaines… après le départ de l'équipe.

« Vous serez affectés à Arcueil, au siège, la logistique nous a prévenus… Veuillez vous présenter dans le hall. »

Pas de poste, aucune précision sur une éventuelle affectation. Juste une convocation dans un hall.

1. Le prénom a été changé.

Charmant programme, annoncé sans état d'âme par un homme en mission. Un profil hélas très répandu à France Télécom Orange.

En réalité, depuis 2005, ces projets de déménagement sont régulièrement évoqués en comité d'entreprise. Ainsi, la 1er juin 2006, la direction annonce qu'elle « doit libérer les sites de Montrouge au mois de septembre ». On apprend ce jour-là que nous n'irons pas à Arcueil, à Orange Village[1].

Le 26 mars 2007, « la direction souhaite délivrer une information au CE ».

Toutes les équipes « positionnées » à Brossolette, c'est-à-dire à Montrouge, seront regroupés sur un même site, à Issy les Moulineaux[2].

Pour nous, c'est la confirmation des informations distillées par Cédric Paroust.

Le 3 mai 2007, la direction communiquera les plans de l'aménagement des équipes à Issy-les-Moulineaux[3].

Le 14 juin, elle précisera que « 94 salariés d'Orange France sont concernés par ce déménagement qui se déroulera la deuxième quinzaine de juillet et septembre »[4].

1. PV du CE du 1er juin 2006, p. 19.
2. PV du CE du 26 mars 2007, p. 11.
3. PV du CE du 3 mai 2007, p. 14.
4. PV du CE du 11 juin 2007, p. 22.

Chapitre 11

Le jour J, je me présente avant 9 heures. Nous sommes le 21 septembre 2007, j'ai des cartons à faire, et, dans la tête, un message de Joséphine qui se veut rassurant : finalement, a-t-elle dit avec une pointe de compassion, nous ferions partie du cortège. « Pour trois bureaux de plus, on va vous déménager et pas vous laisser sous les gravats. » Des paroles qui, à mes oreilles, sonnent faux, et qui, au final, m'inquiètent plus qu'elles ne me rassurent.

Je me concentre sur la besogne matérielle : une vingtaine de cartons, cinq rouleaux de scotch ; mes mains ont de quoi s'occuper, mais dans la tête, ça cogite. Avec, toujours chez moi, ces bouts de film qui viennent ponctuer en images ce que je vis. Aujourd'hui, *Little Big Man* surgit. Et c'est le vieil Indien qui tient le premier rôle pour incarner mes cauchemars. Sentant la fin venir, il gravit la montagne et souffle à Dustin Hofmann : « C'est un bon jour pour mourir… mon fils, mon cœur s'envole comme un aigle. » Transplantée chez Orange, je me vois comme sorti de mon corps observer son propre champ de bataille et me dire : « Il va y avoir des morts aujourd'hui. » Et d'ajouter : « Et je pourrais bien faire partie du lot… »

*

Le « Far-West » qui m'entoure se révèle un drôle de désert : open space retournant à la vie sauvage, sous un rai de lumière qui filtre par les fenêtres et fait danser au soleil une poussière scintillante. Pas de coups de feu en vue, mais une immobilité suspecte, dont je ne doute pas qu'elle annonce un cataclysme.

Je pleure en silence, conscient que mes heures sont comptées. Que je suis en train de partir, certes, mais vers nulle part. Pourquoi ? Pourquoi me font-ils ça, à moi ? Pourquoi agissent-ils ainsi avec nous ?

Lionel arrive dans l'open space. En perdition, lui aussi, mais les pieds sur terre :

— Allez, Vincent, finis tes cartons, y a que ça à faire…

Lorsqu'il s'éloigne, je le rattrape dans un cri :

— Rendez-vous lundi aux Oliviers, c'est ça ?

— On verra, je ne sais pas.

« Je ne sais pas », une phrase que l'on entend prononcer dix fois par jour, de toutes parts. Et elle est plus que jamais de mise ce 21 septembre où on ne sait rien.

Hébété, je continue de ranger et scotcher. Seul le bruit grinçant des chariots, les invectives des déménageurs rebondissant sur les parois dénudées me tirent à un moment de ma léthargie. Avec, en prime, un zeste d'humanité tombé du ciel : la main d'un déménageur qui vient se poser sur mon épaule. Je regarde ce gaillard qui porte une ceinture lombaire et mes larmes filent. Je n'ai plus aucune dignité, aucune retenue.

Le déménageur pourrait s'enfuir, comme les autres. Mais non, lui, il reste. Et ses mots timides stoppent mon déluge :

— Ben m'sieur, faut pas rester ici, rentrez chez vous… on va tout emporter à Issy-les-Moulineaux, et vous retrouverez votre nouveau bureau lundi…

Il s'est penché sur moi, je vois dans la lumière vive son cou en sueur, sa main fatiguée de tant de colis à soulever et porter. Cette main sur mon épaule n'a pas de prix. Pour ce colosse, j'existe. Lui, il me voit. Lui se soucie de moi. Les mots simples de cet homme simple me touchent. Elles me ramènent à mes racines et au bon sens paysan de mes ancêtres.

Et je revis, un peu.

Je tiens aujourd'hui à rendre hommage à cet homme. Sans lui, sans ses quelques mots de compassion, sans cette main sur mon épaule, je ne serais plus là pour témoigner. Qu'il sache que je le respecte infiniment, lui, ce qu'il est, ce qu'il incarne.

*

Je prends ma veste et pars.

Mais impossible de rentrer chez moi d'emblée. Sans trop savoir pourquoi, je me retrouve dans le métro. La rame tarde à venir et je fixe les rails. Ils m'attirent comme un aimant, à peine si je sens le contact de mes semelles sur le quai. Toujours en marche automatique, je descends à Invalides et me dirige vers les bords de Seine.

Lumière magnifique. Mais le vieil Indien ne me lâche pas : « C'est un bon jour pour mourir… » Et comme tout se bouscule, ce sont les larmes de Dustin Hoffmann que je vois couler maintenant, les larmes du héros qui, finalement, persistera à vivre.

J'avance le long des quais. Aucune notion du temps. Je flotte à côté de mon corps, mes pieds progressent seuls, mes yeux ne quittent pas les flots noirs de la Seine. Il serait si facile de choisir le néant, d'inscrire le mot « fin » à la douleur qui me ronge. De ne rien avoir à confier à Lorène qui ignore tout, ne se doute pas.

Des gens déjeunent sur une péniche. Des grands-parents entourés de leurs petits enfants, vraisemblablement. Avec l'air aussi heureux que moi sans force.

La nuit tombe doucement. Changement de décor. Paris allume ses ponts. Mon corps poursuit sa dérive, et, tel un robot qui mécaniquement retrouve son chemin, je gagne le dernier métro qui me reconduit chez moi.

Lorène et le petit dorment paisiblement. En me glissant sous les draps, je sais que je ne parviendrai pas à trouver le sommeil. Car la douleur sourde et lancinante ne me quitte pas.

Le lendemain matin, ma mine lamentable est éloquente. Inutile de raconter quoi que soit à mon épouse. Elle voit, elle sait… Ou presque. Ces instants d'hier, aux frontières de la mort, je les garde pourtant dans mon enfer secret.

Le week-end défile sans sommeil. Partis à la campagne, je me fiche devant l'ordinateur, bosse sur les technologies du browsing comme si rien de particulier n'était arrivé. Néanmoins, défilent surtout devant mon écran les images des chariots qui emportent tant d'années de labeur et de passion.

Je ne quitte le fauteuil que pour faire du sport, courir, nager, casser du bois en forêt. Je n'ai pas dormi depuis deux jours, mais j'ai un besoin irrépressible de me fatiguer. Mais ne faut-il pas mieux s'acharner sur un tronc d'arbre que sur les chaises de la maison ? Lorène craignant de les voir voler par la fenêtre si jamais je pétais un câble…

*

Consulté, mon médecin ne cache pas son inquiétude :

— Ils sont en train de vous détruire, Vincent. Arrêtez, c'est votre vie qui est en jeu et je ne veux pas être complice de sa destruction. Votre cœur ne bat pas comme d'habitude, votre tension est anormale, attention…

Il a raison. Si je continue ainsi, la folie me guette. Pourquoi je reste ? Pourquoi ?

De toute évidence, je devrais fuir cette boîte qui veut ma perte, mais c'est plus fort que moi : dès le lundi matin, je me rends à Brossolette, sur les « lieux du crime », comme tous les jours pour travailler. Où je découvre le désert, le vrai. Plus rien, plus personne. Hormis Monsieur Tran, le gardien. Il me regarde sans un mot, mais je comprends qu'il sait. Le deuxième étage est vide. Définitivement. Une autre âme traîne ses semelles sur la moquette usée du couloir, le responsable logistique du déménagement. Gêné, il confie :

— J'ai eu des gens de la DRH au téléphone. Ils m'ont demandé de ne pas déménager tes cartons à Issy-les-Moulineaux… mais c'était trop tard, les camions avaient déjà tout emporté.

— Merci de me le dire…

On s'est vraiment payé ma tête. Tout le monde savait que je ne faisais pas partie du voyage. La colère enfle, grandit, me submerge. Envie de tout mettre à sac, d'arracher le sol, de briser les bureaux qui restent, de balancer les chaises à roulettes dans les vitres. Mais le soufflé tombe et je retrouve ma sagesse native : « Ils veulent jouer aux cons ; j'ai mieux à faire… »

Car une autre rage me gagne, celle de me battre contre l'injustice.

À cet instant, survient Lionel. Dans la même situation, lui aussi. Nous convenons de ne pas baisser les bras et de rédiger notre septième courrier recommandé à Cédric Paroust.

« Il semble qu'on nous ait oubliés au cours du déménagement…, dit-il notamment. Qu'est-il prévu pour nous ? On vous alerte sur notre situation, nous sommes en danger… »

Cette lettre recommandée avec accusé de réception restera sans réponse, comme toutes celles que nous lui adressons chaque semaine, et ce durant trois mois.

*

Dans la foulée, je décide de me rendre à Issy-les-Moulineaux, aux Oliviers, l'immeuble où nos collègues sont déjà installés.

À l'entrée, je tombe sur Fabrice Girard[1], responsable logistique du site :

— Désolé, Vincent, me dit-il embarrassé. Je ne voudrais pas être à ta place mais, en haut lieu, on m'a demandé de ne pas te laisser passer.

— Pardon ? Mais on n'a plus de bureau à Montrouge, toutes nos affaires sont ici…

— Je sais, mais tu ne fais plus partie des effectifs et je dois obéir aux ordres…

Lionel, effectuant la même démarche, essuie le même refus.

Selon nous, Fabrice se trompe : si nous ne faisions « plus partie des effectifs », pour reprendre son expression, quelqu'un nous l'aurait dit, écrit. Or, personne ne nous a tenu un langage aussi direct.

Déterminés, tous les jours, pendant une semaine à la même heure, nous nous présentons à l'accueil de ce qui devrait être notre nouveau lieu de travail. Et tous les jours, nous sommes refoulés.

Lionel reçoit un courrier de la DRH lui précisant que son poste se trouve toujours à Montrouge. Autrement dit dans un bâtiment vide, à un étage

1. Le nom a été changé.

aux faux plafonds démontés, aux câbles électriques arrachés et à la vieille moquette bleue décollée. C'est un piège. Sous peine de commettre une faute grave et d'être licenciés sur-le-champ, il nous faut venir tous les jours occuper ces anciens locaux. Où il n'y a rien à faire, pas de matériel, d'outils permettant d'assurer une quelconque action professionnelle, l'open space est désormais un no man's land dans lequel deux salariés sont abandonnés. Ubuesque, kafkaïen, pitoyable, pathétique, humiliant, honteux, inhumain. Le comble, c'est que le 25 septembre 2007 je reçois un texto : « Le service courrier des Oliviers, vous demande de passer chercher une lettre qui vous est adressée. » Quel paradoxe : on m'expédie du courrier dans un bâtiment où je suis interdit de séjour et qui serait pourtant ma nouvelle adresse professionnelle ! J'appelle le responsable logistique, qui confirme que le message émane du responsable courrier. Je crois rêver ! Je demande donc à récupérer le pli aux Oliviers, mais une fois encore le DRH local active son *« no passara »* : « Vous ne faites pas partie des effectifs, vous ne pouvez entrer. »

À l'évidence, les consignes sont transmises et appliquées à la lettre par le gardien du temple. Résultat : je ne connaîtrai jamais la teneur de ces lettres ! Mais tout n'est pas perdu : car le texto adressé existe bel et bien et la preuve, via huissier, de cet envoi constituera l'une des milliers de pièces remises à la police dans le cadre de la plainte que je déposerai plus tard.

*

Chaque matin, j'apparais devant l'immeuble désert et le gardien constate que je suis présent. Quelques minutes plus tard, je ressors et entame ma tournée quotidienne. Je commence par me rendre aux Oliviers. Où je ne peux aller plus loin que le tourniquet de l'entrée : l'accueil a pour consigne de ne pas me laisser passer, alors que le texto du service courrier ne fait aucun doute sur une nouvelle adresse professionnelle.

Ayant une liasse de courriers recommandés en main, j'en laisse une copie au réceptionniste, demandant que ces documents soient déposés sur le bureau de mes anciens chefs.

Ensuite je reprends le métro vers Arcueil, direction Orange Village. Où la même scène se répète, une jeune femme accorte répondant invariablement :

— Je suis désolée ; vous n'avez pas de rendez-vous avec la DRH, vous ne pouvez donc pas entrer.

— Donnez-moi un rendez-vous alors…

— Je n'ai pas le pouvoir de prendre des rendez-vous…

Je n'ai plus qu'à reprendre le chemin du retour pour revenir vers ma cellule d'isolement.

Mais auparavant, ce jour-là, je fais un crochet par la place d'Alleray où sont réunis nos patrons. Il se trouvera forcément, dans ce vivier d'X-Télécom aux QI surdéveloppés, une personne lucide capable de comprendre qu'une telle torture mentale est intolérable.

Curieusement, mon badge professionnel gardant ses pouvoirs, je parviens jusqu'au hall d'entrée.

— Bonjour, je m'appelle Vincent Talaouit et je viens voir M. Barberot de la DRH…

— Avez-vous un rendez-vous ? me répond une jeune clone de la précédente.

— Non.

— Alors, je ne peux vous laisser monter.

— Puis-je vous confier ces documents à remettre à messieurs Lombard, Wenes et Barberot ?

Et les scènes de ce genre se répètent, encore et encore, tandis que je passe mes journées à me faire humilier. Oubliant que ces démarches sont inutiles, j'arpente les couloirs du métro tel un hamster dans sa cage, ne voyant pas que je n'avance plus ! Mais je veux qu'ils sachent que nous sommes là, que nous existons, que nous avons des droits et que ceux-ci sont bafoués. Oui, ils doivent apprendre que, chaque jour, nous sommes en danger dans un immeuble en travaux et que personne, au-dessous d'eux, ne paraît s'en soucier. Le lundi, le mardi, le mercredi, le jeudi, le vendredi, tous ces jours sont autant de souffrances accumulées. La pire semaine de ma vie. Je suis à bout de forces. Lorène intervient et hurle : « Arrête, ça suffit ! Tu veux mourir ou quoi ? Va voir un médecin ! » Mon corps ne me répond plus et, d'ailleurs, je ne suis plus dans mon corps.

Témoignage

Jean-Paul : « Ils m'ont effacé du jour au lendemain, j'étais mort ! »

Jean-Paul approche la soixantaine et, pour lui, le combat ne fait que commencer. Car il a décidé d'attaquer son ancien employeur qui, un jour de 2008, s'est débarrassé de lui sans la moindre hésitation.

Jean-Paul a fait toute sa carrière au sein de France Télécom. En bon soldat, il a gravi tous les échelons, jusqu'à cette ultime nomination, en 2005, comme directeur régional, l'un des hauts postes dans la hiérarchie de la société. Une région sinistrée, 1 300 employés et un but : relancer les activités, rentabiliser le secteur par tous les moyens et sans état d'âme, réussir le plan Next élaboré par les stratèges de l'entreprise, dont certains sont ses amis.

Il va faire ce qu'on lui demande, avec application, et ce jusqu'à ce que ses convictions soient ébranlées.

Aujourd'hui, Jean-Paul parle, et ses propos sont autant de coups portés. Les mots d'un homme trahi.

« Le système de management mis en place faisait que, du jour au lendemain, sans aucun signe avant

coureur, le énième agent de votre équipe pouvait être nommé manager et se retrouver à diriger celui qui était son chef la veille. Et le cadre qui, a contrario, refusait cette promotion contre nature, se voyait rétrogradé sous l'autorité de celui auparavant son subalterne. Ces aberrations avaient comme conséquence une perte de repères et un mal-être évident.

Je connais beaucoup de cadres qui sont partis, ils n'en pouvaient plus. Certains sont restés deux ans en dépression. Et au moment de se mettre la corde au cou, ils sont allés voir leur patron en disant : « On va se suicider… » C'est seulement à ce moment-là qu'on les a laissés tranquilles. Ils sont restés deux ans en dépression, et s'en remettent doucement.

À partir de 2005, tout est devenu encore plus dur. Il s'agissait de mettre en place le plan de déflation de 22 000 emplois qui se terminait fin 2006.

Toutes les méthodes étaient bonnes pour faire partir le personnel.

Je suis catégorique : ce chiffre de 22 000 emplois à supprimer était l'un des objectifs qui nous était assigné. Et qui servait à calculer notamment les primes et notre salaire variable. Nous étions en quelque sorte payés au nombre de têtes qui tombaient, les départs de collaborateurs nous permettant de justifier notre bonus.

Par exemple, il n'était pas rare qu'on nous demande de constituer des dossiers disciplinaires pour des cadres ayant atteint 55 ans, à tel point qu'on pouvait se demander s'ils ne constituaient pas des cibles privilégiées. Une autre méthode consistait à fixer des objectifs inatteignables, ce qui permettait de dire au collaborateur : "On ne peut pas continuer avec toi...". L'objectif consistait à déstabiliser suffisamment le salarié pour le contraindre à partir.

Tous les leviers étaient bons. Les cadres intermédiaires ont été conditionnés au cours de stages de formation extrêmement directifs et sont devenus les exécuteurs.

Le moindre esprit critique était banni. Ce n'était pas négociable. Celui qui discutait la stratégie, son bien-fondé, se voyait immédiatement écarté et se retrouvait le lendemain sous la responsabilité des agents qu'il manageait jusque-là.

Moi, j'ai été averti du danger par une femme avec laquelle je travaillais et qui n'a pas pris de gants : "Je te préviens, je suis mandaté au plus haut niveau pour te dire que tu n'as plus rien à attendre de l'entreprise, elle te détruira ; ici il n'y a pas de micro, pas de caméra, on fera tout pour te détruire, il faut que tu partes."

À partir de là, j'ai vu que mon propre encadrement ne me reconnaissait plus. Averti, il me voyait désormais comme un pestiféré. Plus tard, j'ai été convoqué par un courrier recommandé : le premier que je recevais en 35 ans. On me demandait de me rendre au siège, place d'Alleray à Paris. Une requête qui m'a d'autant plus étonné que je devais rencontrer des hauts cadres de l'entreprise au même endroit, le lendemain du jour de ma convocation. J'arrive à joindre le service des ressources humaines au téléphone où l'on me dit : "C'est une grave erreur de notre part, ne tenez pas compte de ce courrier recommandé."

Quand je me suis présenté ce jour-là devant un responsable avec lequel j'entretenais les meilleures relations puisqu'il me tutoyait, il s'adresse à moi dès le seuil de la porte de son bureau :

— Monsieur, vous deviez vous présenter hier, vous ne l'avez pas fait ; je vous informe donc que je vais engager une procédure disciplinaire contre vous... À moins que vous acceptiez de signer votre départ en congé de fin de carrière, le CFC, immédiatement.

Quelques jours auparavant, en raison de la pression, j'avais fait un infarctus. J'étais déstabilisé mais suis resté très calme : pendant cinq longues minutes, je n'ai pas dit un seul mot.

Quand j'ai pris la parole, j'ai regardé les deux personnes qui se trouvaient face à moi :

— Vous êtes des salauds, je ne veux plus entendre parler de vous ; je ne pouvais pas imaginer que vous étiez capables de faire ces choses-là. Je suis prêt à signer n'importe quoi, mais je ne veux plus vous voir. Je ne veux plus travailler dans ce contexte.

Quand j'ai signé, j'étais mort, épuisé, liquéfié, en sanglots, totalement détruit. J'ai paraphé ma mise à mort devant celui que je considérais comme un ami, venant de comprendre seulement que je m'étais fait piéger. Comme on avait vu en moi un éventuel résistant aux méthodes de destruction des hommes, il a été décidé en haut lieu mon départ rapide.

Certes, encore aujourd'hui, les cadres qui s'expriment sont rares ; en quelque sorte, je le fais pour eux tant ils ont seulement le droit d'exécuter ce qu'on leur dit. Quant à ceux qui ont connu le même sort que moi, ils ont honte d'avouer ce qui est arrivé, de reconnaître ce dont ils ont été, un temps, les complices. On voit rarement un cocu crier son infortune sur les toits.

Je connais des cadres qui n'ont pas été payés pendant des mois, d'autres restés chez eux sans travail, et qui sont tombés en dépression. Pour les agents, ce n'était pas mieux ; j'ai vu des salariés auxquels on demandait de faire 300 kilomètres pour rejoindre un nouveau lieu de travail, sans qu'il y ait quelque chose là-bas pour eux. Pire, on leur riait au nez !

Je vais demander des comptes à l'entreprise pour laquelle j'ai travaillé pendant 35 ans ; ses dirigeants ont usé de méthodes d'un autre âge contre moi et des milliers de salariés et cela m'est insupportable. Ce qui s'est passé n'honore ni ces dirigeants, ni les grandes écoles dont ils sont issus.

Quand j'ai entendu Didier Lombard dire "c'est devenu une mode de se suicider", j'ai envie de lui répondre : "Non Monsieur, ce n'est pas une mode. Vous n'avez pas pris en compte l'engagement de vos salariés, la fierté qu'ils avaient de travailler à vos côtés. En les traitant comme des moins que rien du jour au lendemain, vous avez éteint la flamme qui les animait. En ce sens, vous êtes responsable". »

Chapitre 12

— Mais ce sont des malades ! Là, il faut arrêter Vincent ; je vous prescris 15 jours d'arrêt !

Nous sommes le 28 septembre 2007. Pour la première fois dans ma carrière professionnelle, j'observe un arrêt maladie. Mon médecin est effaré de découvrir la situation torturante et humiliante dans laquelle on m'a plongé. Être payé à ne rien faire quand on aime son métier, qui plus est dans un open space transformé en désert, se voir refusé le droit d'exister, lui paraissent aussi surréaliste, aberrant que fort dangereux pour ma santé. Il veut me protéger, mais longtemps je résiste à ses injonctions :

— Vous devez consulter un psychiatre, ajoute-t-il. Il vous aidera, vous verrez…

Mais je n'ai nul besoin d'un psy, persuadé de pouvoir m'en sortir seul.

À ce stade, j'y crois encore : nos dirigeants vont bien finir par comprendre qu'ils m'ont mis dans une position intenable, que je peux encore servir l'entreprise, qu'il est temps de réparer ces erreurs ?

Mon toubib essaie de m'ouvrir les yeux, mais je ne l'écoute pas. Et pourtant, ces dernières années, je suis allé le consulter à plusieurs reprises tant je suis déglingué de partout. Dos coincé, cou verrouillé, trapèzes tétanisés, genou vissé. Je me déplaçais tel un automate limité dans ses mouvements, mettant ces désagréments sur le compte du sport intensif, sans réaliser que mon corps envoyait des messages d'alerte, ses propres signaux de souffrance, autant de clignotants destinés à me mettre en garde avant d'en arriver à être psychologiquement atteint. Et je n'avais rien perçu à l'époque.

Mon organisme crie « halte ! », mais je lui demande encore plus. Ne voyant que la carrosserie cabossée du véhicule, je crois que le moteur tourne encore, que la voiture avance, donc je ne m'inquiète pas outre mesure. Ce corps meurtri – et lucide, lui – m'avertit du danger. Tout au long de ces quatre années de tourmente, il ne cessera d'ailleurs d'activer ses balises de détresse, mais rien d'alarmant à mes yeux : un décontractant et quelques séances de kiné font l'affaire, me dis-je avant, tel un pilote de formule 1, de repartir des stands avec des pneus neufs, plein gaz !

Un aveuglement si humain !

*

Comme il se doit, je me retrouve à nouveau coincé. Et puis, comme cela ne s'arrange pas, je consulte le même médecin. Cette fois, les douleurs s'avèrent d'une autre nature : je suis sans force, comme si s'épuisaient toutes mes ressources naturelles. J'ai joué avec ma vie et elle est en train de perdre.

Pour la première fois, j'entends ce qu'il me dit et j'applique ses prescriptions. Je m'engage alors sur une voie certes dangereuse, mais vitale à ce stade : celle des somnifères et des antidépresseurs. Je ne sais plus où je suis, qui je suis. Après des années de suractivité à survoler le monde, de congrès en partenariats industriels, les comprimés me forcent à atterrir.

Résultat, je ne bouge plus de chez moi, je tourne comme un lion en cage. Je trouve la force d'écrire et de lancer des alertes à la direction de France Télécom Orange, à Cédric Paroust, l'homme qui a supprimé les emplois de la recherche-innovation du corporate, m'a écarté de ma communauté de travail, pour finalement nous zapper lors du déménagement. Jamais encore, je n'ai avalé autant de pilules. À l'effet désastreux : je me transforme en légume. Parfois, dans un éclair de lucidité, j'entrevois une lueur au bout de ce long tunnel et me dis : « Patience, ton corps va répondre un jour ou l'autre. »

Mais, tout de suite après, c'est la détresse qui revient en force. Je me lève, me cogne à un meuble, ne sens plus rien, patauge dans un état boueux. Et que je l'accepte ou pas, c'est ainsi : je souffre d'une dépression profonde. Une vraie.

*

Mon médecin ne me cache rien de mon état :

— Là, Vincent, ils vous ont eu…

J'ai tenu bon quatre longues années, en fermant les yeux parfois, en me bouchant les oreilles souvent, quant à l'impact que le délitement progressif de ma communauté de travail avait sur moi. Cette fois, tout craque et sombre. Mon toubib a raison : je suis au fond du trou noir autour duquel j'ai tourné longtemps sans y tomber. Et même si ma fierté doit en souffrir, il est essentiel que je m'occupe de moi et me soigne.

Si j'en doutais encore, le regard de ma mère suffirait à me convaincre que la situation est grave. J'arrive chez elle le buste irrésistiblement penché vers l'avant, le teint blafard, le regard vide, comme si je ne parvenais plus à transporter ma trop haute carapace. Je lui tais les raisons pour lesquelles je suis devenu cette épave, mais je ne peux cacher mon état. Et je n'ai pas besoin de lui dévoiler des détails sordides pour qu'elle devine qu'on s'est mal comporté avec son fils.

*

À la maison, je me traîne, avec une envie de rien et une pesanteur qui me clouent au lit. Impossible de lire, penser, réfléchir. Le moindre effort de concentration relève du calvaire. Mon appétit de lecture, insatiable depuis l'aube de mes cinq ans, bute devant la table des matières. Impossible d'aller plus loin dans un ouvrage. Je vois les mots, les phrases, mais ne parviens pas à les déchiffrer. Tout se brouille sous mes yeux, et rien n'émerge de ces tourbillons de lettres. Et avant d'essayer de consulter Internet, je dois avaler un litre et demi d'eau, comme pour évacuer tout ce qui est toxique en moi, me laver de l'intérieur.

Les journées s'étirent, interminables. Je touche le fond, sans avoir la certitude de pouvoir un jour donner le coup de talon qui me fera remonter à la surface.

Mon seul cadeau, c'est Lorène. L'asthénie m'offre au moins la joie de la voir muer de jeune femme à maman. L'allaitement du bébé est le plus beau tableau qu'il m'ait été donné d'admirer. Le plaisir qu'elle prend à veiller sur lui me nourrit. Elle a toujours été un guide lumineux, elle devient désormais aussi celui de notre enfant. Et depuis ma prison chimique je les observe, l'un et l'autre, l'un avec l'autre. Ils sont mon soutien, ma seule raison de survivre.

Car si Lorène sait tout – l'arrêt maladie, les comprimés –, ma détresse, je tiens plus que tout à nos instants magiques et fais en sorte que mes angoisses professionnelles ne viennent pas les gâcher. Ayant toujours respecté cette ligne de conduite durant mes quatre années de résistance au harcèlement, je ne veux pas en changer. Bien sûr, elle me questionne parfois, ne supportant plus le silence dans lequel je m'enferme pour la préserver. Alors je me mets à parler, en prenant soin de lui épargner les détails les plus sordides. Et elle n'insiste pas.

Elle me dit un jour :

— Tu as tellement de bon sens que s'il arrive quelque chose de grave, je sais que tu me le diras.

Cette confiance cimente notre couple, depuis toujours.

Heureusement.

Chapitre 13

Je revois mon médecin, il campe sur ses positions :

— Vous devez voir un professionnel, vous ne vous en sortirez pas seul…

— Mais je n'ai pas besoin d'un psy ! Que voulez-vous que j'en fasse ?

— Il vous aidera à y voir plus clair. Soyez raisonnable Vincent.

— Non, docteur. Pardonnez-moi, mais je sais qu'il y a une solution, je ne l'ai pas encore trouvée, mais elle existe. Je le sais, je le sens.

Impossible d'admettre que la révolution technologique en marche se fasse sans moi. J'en ai été l'un des artisans durant quelques années, nous avons acquis une renommée internationale, pourquoi m'en priverait-on aujourd'hui ? C'est cela qui va m'aider à tenir, me dis-je, in petto. Donc, ça va aller.

À l'issue de ce premier arrêt maladie, je repars donc au combat. Sous le regard inquiet du médecin qui se demande si je n'ai pas basculé dans une autre dimension. Et qui n'a pas tort.

*

Je retrouve Lionel, et, très vite, il nous semble évident d'alerter les différents services de l'inspection du travail.

De mon côté, je me charge d'écrire à celles de Montrouge, au départ, et d'Issy-les-Moulineaux à l'arrivée.

*

Hélas, cette situation inextricable me plonge dans les affres du sentiment irrationnel de culpabilité qui m'envahit : je suis interdit de travailler et cela m'est insupportable.

Alors que je suis soumis à ce supplice professionnel, mes partenaires étrangers attendent, eux, que nos échanges technologiques se poursuivent. Je ne peux leur révéler que je n'ai plus de bureau, d'ordinateur, qu'à tout instant le plafond de mon open space peut s'écrouler ou tomber dans un trou béant du plancher. Pour rien au monde, je ne prendrais en effet le risque de compromettre à jamais ces relations privilégiées. Ni je n'oserais leur demander de m'aider : ce serait commettre une faute professionnelle et un acte contraire à mes principes.

*

Les journées dans l'immeuble en réfection de Montrouge sont rythmées par le passage des bus de la RATP, dont nous guettons la fréquence depuis notre étage déglingué. Comme les vaches regardent passer les trains, nous occupons nos journées à ruminer à la fenêtre du deuxième, à quelques mètres d'altitude, au-dessus du trafic routier.

Nous sommes sans téléphone, sans ordinateur – tous les câbles ont été retirés – mais nous trouvons de drôles de choses dans cet ancien open space : des poubelles organiques, des plantes vertes qui dépérissent, et nous, trois pauvres bougres qui se meurent aussi.

Dans ce bâtiment, à cet étage, à ce bureau, des hommes ont donné toute leur énergie, leur enthousiasme, ont créé, apportant une réelle plus-value à France Télécom Orange, gagnant une compétence reconnue sur le plan international. Comme nous avions encore beaucoup à faire, nous retrouver là, abandonnés de tous, nous plonge dans une science-fiction… hélas ancrée dans la réalité.

La situation d'isolement forcé étant déjà un supplice, l'absence de réponse à nos appels ou nos courriers devient vite insupportable. Le mois de septembre défile ainsi, alourdi par le silence assourdissant de la direction.

*

J'appelle chaque jour l'inspection du travail. Elle me répond enfin, un jour d'octobre, et me conseille de prendre rendez-vous pendant les jours de permanence.

Une inspectrice nous reçoit. En guise de préliminaire, elle explique sans ménagement les raisons pour lesquelles nous n'avons pas été reçus plus tôt :

— Vous devez savoir que nous sommes en surcharge de travail. Je suis désolée, comparés à d'autres travailleurs, vous vivez dans des conditions privilégiées. Quand votre stylo tombe sur une moquette épaisse, il ne fait ni bruit ni dégât. Nous, ce sont les ouvriers tombés d'un échafaudage qui sont nos priorités. Sur ce, je vous écoute…

Nous lui remettons la liasse de courriers envoyés et racontons en détail tout ce qui est arrivé. Un peu incrédule, elle a conscience qu'il nous serait difficile d'inventer une telle histoire.

— Écoutez, je ne peux croire qu'on vous ait fait ça, mais, de toute façon, vous pouvez me raconter ce que vous voulez, moi, je me base sur le contrat de travail. Les contrats et les avenants éventuels, c'est tout. J'irai donc voir votre employeur.

Elle prendra sur le temps réservé à sa pause « déjeuner » pour venir constater l'état de l'immeuble dans lequel nous sommes parqués. Si je suis en arrêt maladie ce jour-là, elle trouve Lionel, seul dans l'open space vide. Et, comme saint Thomas, ce qu'elle voit, elle le croit. Effarée. Ensuite, elle agit.

L'intervention de l'inspection du travail ne passe pas inaperçue. Branle-bas à France Télécom Orange. À peine Lionel vient-il de signaler l'absence d'ordinateurs à nos postes, que des gars déboulent avec de vieux PC qu'ils branchent immédiatement. Un simple regard panoramique sur nos bureaux pourrait faire croire que tout est arrangé.

Mais une fois encore, tout est faux : les ordinateurs livrés ne fonctionnent pas. De la figuration pour le décor ! Là, je ne peux m'empêcher de songer à une scène de *La vérité si je mens*, celle où Richard Anconina fait croire à un acheteur potentiel que ses collaborateurs marocains sont tous branchés sur internet... alors que les types cravatés font semblant de taper sur des carcasses d'ordinateurs ! Mais c'est connu : la réalité dépasse souvent la fiction. Et les scénaristes de France Télécom Orange sont allés plus loin que Thomas Gilou. Car non seulement nos ordinateurs sont vides, mais nos téléphones sans tonalité ! Pour une compagnie de télécoms, un comble !

*

Pendant ce temps, les travaux se poursuivent dans les bureaux en friche de Montrouge. Et les ouvriers chargés de la besogne nous observent, l'air inquiet :

— Mais qu'est-ce que vous faites ici ? Normalement, il ne devrait y avoir personne.

Ils ne peuvent imaginer que ces squatters sont deux ingénieurs volontairement oubliés par leur direction à l'occasion d'un déménagement, et qui occupent leurs journées à compter les bus. Deux jeunes aux dents longues qui espéraient être en droit de nager aux côtés des requins et auxquels on ne cesse de faire comprendre qu'ils sont avant tout du menu fretin !

Quand « notre » inspectrice écrit au P-DG d'Orange France Télécom et au DRH, on lui répond que notre service a été supprimé et les personnels « redéployés ». Une contrevérité de plus : jamais on ne nous a affirmé que notre service était supprimé puisqu'il poursuit ses activités ailleurs. Et, bien sûr, nous-mêmes n'avons été « redéployés » nulle part !

Jamais, non plus, le comité d'entreprise ne se voit averti de la suppression de l'équipe corporate sans cesse remaniée par Cédric Paroust. Quant aux avertissements lancés à notre sujet par deux inspectrices du travail et adressés aux dirigeants, ils ne provoquent aucune réaction dans leurs rangs. Leur inertie reflète le sentiment d'impunité qui habite la direction et prouve qu'on entérine sans moufter les méthodes utilisées.

*

Les multiples courriers que j'adresse à Cédric Paroust attestent eux aussi que la haute hiérarchie a bien mis en place son fameux plan Next et désigné les hommes chargés de l'appliquer sans état d'âme.

Pendant trois mois, toutes les semaines, j'écris à notre manager, Cédric Paroust, « Vous nous avez oubliés, que fait-on ? » Et lui s'arrime à son mutisme. Jusqu'au jour où il consent à reconnaître noir sur blanc la décision prise de nous tenir à l'écart, et ce *via* une petite phrase laconique incompatible avec la dignité des fonctions qu'il occupe : « Comme vous avez pu vous en apercevoir, vous n'avez pas fait partie du déménagement. »

Une vérité autant qu'un aveu.

*

Durant cette période où nous sommes transparents et où nos paroles semblent privées de son, je n'existe plus que dans mes courriers et par le périple vain et éprouvant vers les bureaux qu'occupent les responsables de mon calvaire.

Tous les matins, je me présente à Montrouge, Issy-les-Moulineaux, à Arcueil et place d'Alleray. La rengaine tourne à l'obsession :

— Vous n'avez pas rendez-vous, il ne peut pas vous recevoir.

— Donnez-moi un rendez-vous alors…

— Il faut lui écrire, monsieur.

J'ai écrit au DRH – comme aux autres – que nous étions sans affectation. Il ne m'a jamais répondu et, de facto, je n'ai jamais obtenu de rendez-vous.

C'est ce que j'explique aussi à un membre du CHSCT interpellé à plusieurs reprises et qui, à l'évidence, n'a pas l'intention de s'occuper de nous. À mes mails d'alerte, il se contente d'abord de botter en touche : « Le CHSCT ne traite pas ces problèmes. » Et quand je m'étonne d'une telle indifférence, il me pose la sempiternelle question : « As-tu contacté les ressources humaines ? » Je lui récapitule alors mes démarches auprès de la DRH – vaines – et lui réitère mon invitation à venir constater les conditions dramatiques et invraisemblables qui nous sont imposées. Mais il fait le mort, et jamais il ne viendra.

En réalité, certains élus syndicaux, délégués du personnel, toutes obédiences confondues, des membres du CHSCT n'ont rien tenté de concret pour nous extirper de notre piège. Je n'oublie toutefois pas les paroles de réconfort de quelques-uns affichant une tête de circonstance – « Pauvre vieux, prends soin de toi… On en est tous là, tu sais, il y a plein de collègues en souffrance, et tu es une victime de plus » – mais ne peux passer sous silence l'attitude déplorable d'une autre élue qui réplique à mes mails par une formule sans appel : « Arrêtez de m'envoyer des spams ! »

Des spams, ces messages électroniques indésirables, voilà ce que nous sommes.

*

Mon corps se manifeste derechef : cou et dos coincés sur une position unique et douloureuse. Le 19 octobre 2007, nouveau rendez-vous chez le médecin qui, constatant mon état de délabrement avancé, m'interpelle encore plus fermement :

— M. Talaouit, ce sont des conditions inadmissibles certes, mais il faut vous arrêter, vous êtes à bout… Vous n'êtes plus en état de supporter quoi que ce soit. Regardez votre tension, elle est anormale, vous allez dans le mur, je vous le dis.

— Non, ne m'arrêtez pas, s'il vous plaît. Il faut que je bosse. J'ai des conférences prévues de longue date qui m'attendent à Dallas, Amsterdam, Milan. Qui va les suivre, s'occuper de mes contacts là-bas…

— Il faut arrêter M. Talaouit… ils vous ont déjà répondu qu'ils ne voulaient pas que vous alliez à ces conférences… m'avez-vous dit. Écrivez-leur, alertez-les, il y aura au moins des traces, mais surtout reposez-vous, ne restez pas seul, silencieux, vous faites leur jeu. Placez-les devant leurs responsabilités, on n'a pas le droit de traiter des êtres humains comme ça…

— Je ne cesse d'écrire, docteur. À mon P-DG, mon manager, la DRH...

— C'est très bien, faites ainsi, mais je vous arrête quinze jours.

Je ne m'en sors pas et je dois observer le deuxième arrêt maladie de ma carrière. Deux semaines au cours desquelles je vais me retrouver avec le dos totalement vissé. Les antidépresseurs n'étant plus efficaces, il faut augmenter la dose. Un phénomène étrange se produit alors : mes pouces se mettent à trembler sans que je puisse maîtriser le mouvement. Impossible de serrer le moindre objet, le muscle n'agit plus. Pour manger, je tiens ma fourchette à pleine main, comme un gamin maladroit. Je subis un enfermement infernal, corps et âme prisonniers, otages des médicaments et des tortures que l'entreprise que j'aime m'inflige.

*

Au bout de ces deux semaines, je retourne à mon bureau en jachère, espérant vaguement que la situation aura évolué.

Mais rien n'a changé. Et je dois encore et toujours prouver que j'existe en allant sur les quatre sites où se trouvent les dirigeants de France Télécom Orange. Où, comme d'habitude, on m'envoie promener. Tel un zombie, me croyant sans doute à l'abri derrière la carapace de médocs, je déambule donc dans Paris et sa proche banlieue en quête d'une âme compatissante, ayant encore la naïveté de croire qu'un miracle est possible. Évidemment, si je raconte mon périple à un ami, il ne prend pas de gants pour me balancer : « Tu es un malade, confronté à une boîte de malades, Vincent. Vite, va-t'en, fuis ces gens… » J'entends le propos, bien sûr, mais je refuse de le suivre. Je ne cesse d'avoir en tête les travaux réussis dans ce centre d'innovation démantelé, de songer à la force de frappe de cette équipe aux cerveaux tournant à l'unisson pour atteindre le même objectif, de fulminer contre le gâchis déclenché. Comment des leaders dignes de ce titre pourraient tirer un trait sur les défis technologiques à relever, alors même que nous touchions au but, et ceux qui sont aptes à les remporter ?

Le 5 novembre 2007, mon médecin explose :

— Bon, Vincent, on arrête les conneries maintenant… Je vous vois devant moi, mais je ne sais pas comment vous êtes encore debout avec la somme d'humiliations que vous avalez. Si vous n'allez pas consulter un psychiatre, je vous fais hospitaliser.

Et moi de plaider :

— Docteur, juste une faveur. Laissez-moi y retourner encore une fois. Je suis sûr que ça va changer, ce n'est pas possible autrement. Les syndicats ont promis de s'occuper de ces personnels oubliés lors des déménagements, le CHSCT aussi.

Il n'y croit pas un instant, mais me laisse libre de repartir. Avant que je franchisse le seuil de son cabinet, il m'attrape toutefois par le bras :

— On est d'accord Vincent : la prochaine fois, si vous êtes toujours dans cet état, c'est le psy immédiatement !

J'opine du chef et je m'en vais.

Pour reprendre le parcours du hamster dans sa cage qui pédale entre ces quatre sites sans savoir pourquoi et ce jusqu'à épuisement.

Les anciens locaux ressemblent à une coque vide. D'énormes trous perforent désormais le sol, dépouillé de sa moquette depuis longtemps. Des câbles de toutes les couleurs pendent des faux plafonds. Alors que même le vigile de l'entrée a rendu sa panoplie, les ouvriers du chantier voient passer une ombre penchée, grande silhouette à la Giacometti hantant les lieux une mallette à la main. Un fantôme. Moi. Jean, un élu CFE-CGC au CHSCI nous reçoit à Issy-les-Moulineaux, et nous promet de tenter une médiation avec Cédric Paroust. Le 6 novembre au soir, je retourne voir mon médecin. Sans hésiter, il me prescrit quinze jours d'arrêt supplémentaires.

*

À des milliers de kilomètres de là, des hommes actifs, appréciés, tendus vers l'avenir, continuent de m'inviter à des colloques ou congrès internationaux. Ils ignorent tout de mes tourments. Et moi je continue de me taire. Absurdité totale d'une situation effarante.

À deux reprises, Cédric Paroust m'a ordonné par courrier recommandé de ne pas participer à ces conférences. Depuis, j'ai respecté l'autorité hiérarchique de mon chef. Je ne peux courir le risque de me faire virer pour insubordination. Si on attend que je me mette à la faute, on se trompe.

Je ne dois donc pas bouger.

Mais si je le voulais, en aurais-je seulement la force ?

*

Les inspectrices du travail en appellent à la direction de France Télécom Orange. Connaissant les conditions inhumaines qui nous sont infligées, deux d'entre elles acceptent d'accompagner Lionel jusqu'à Issy-les-Moulineaux.

Le 7 novembre 2007, tous deux pénètrent dans le hall d'accueil. Averti, le DRH descend à leur rencontre et… bloque Lionel d'une main ferme sur la poitrine quand il fait mine de franchir le poste de contrôle.

— Vous ne pouvez pas entrer, vous ne faites pas partie du personnel, dit-il.

Éberluée, l'inspectrice consigne sur un cahier l'intervention musclée de ce bon soldat, exemple parmi tant d'autres de l'application mécanique des « logiques » internes de France Télécom Orange. Elle parvient, elle, à passer le portique et note la confirmation qu'elle était venue chercher : le service innovation, dans son intégralité, a bien emménagé ici. Lionel et moi sommes donc les seuls ingénieurs déclarés hors jeu.

Détail « comique » de cette histoire pathétique . des cartons à nos noms ont été transportés vers ces locaux. Face à cet illogisme, on lui rétorque : les cartons, « oui », mais ceux à qui ils appartiennent, « non » ! L'inspectrice n'en croit pas ses oreilles.

Absurdité supplémentaire, la présence de mes affaires dans un immeuble qui m'est interdit importune la DRH. Je reçois un jour un courrier dans lequel on insinue que ces cartons ont pu pénétrer de manière frauduleuse dans les nouveaux locaux, un collègue ayant pu les identifier comme les siens.

Muni de deux rapports des inspectrices du travail datés d'octobre et de novembre 2007, je poursuis ma « mission d'information » auprès de nos patrons sur les quatre sites, de plus en plus convaincu toutefois qu'ils ne peuvent ignorer notre situation d'abandon.

Malgré les constats et les rappels à la loi des inspectrices du travail, rien ne change.

*

Que font les syndicats ? En toute franchise pas grand-chose, hélas. Ce qui accroît le total isolement et le sentiment de mise à l'index qui est le nôtre.

Un membre du comité d'entreprise de notre centre d'innovation affilié à Sud, informé de notre mise en quarantaine, me conseille ceci :

— Laisse passer l'orage, courbe le dos, tiens-toi tranquille… Tu reviens d'abord de ton arrêt maladie, on te retrouve un poste dans l'informatique, tu rases les murs pendant deux ans, tu te refais une virginité, et tu reprends une carrière normale par la suite…

Estomaqué qu'on me recommande de courber l'échine et, d'une certaine manière de valider des méthodes managériales aussi scandaleuses, je lui réplique :

— Mais ce n'est pas ce que je t'ai demandé… Je t'ai demandé de mener une enquête via le CHSCT, de poser la question aux délégués du personnel. C'est grave ce qu'il se passe, on est sous les gravats. L'inspection du travail est venue le constater…

Il botte en touche, expédiant juste un mail sans appel quelque temps plus tard : « Tu essaies de me prendre au piège, je ne m'occuperai plus de ton cas… »

J'ignore encore aujourd'hui quel piège j'aurais pu lui tendre. Et il n'y a jamais eu d'enquête.

*

Face à ces silences assourdissants et ces fins de non-recevoir démoralisantes, autre offensive : déclencher une alerte générale.

Le CHSCT et le comité d'entreprise, sont informés de la situation folle dans laquelle nous nous débattons. L'espoir nous gagne. De courte durée. Les deux organes représentatifs du personnel ne bougent pas, nous expédiant juste des mails laconiques du genre : « On a transmis votre dossier à la direction qui va prendre toute disposition pour gérer votre cas… » Agacé qu'on ne perçoive pas l'enjeu, je relance illico : « Mais je ne veux pas que l'on gère mon cas, je vous demande de venir sur le site de Montrouge pour constater que nous sommes en danger. Le faux plafond menace de nous tomber dessus, des câbles pendent partout autour de nous et le sol est truffé de trous béants. » Pas plus de succès. Un élu de la CFDT a le courage de venir sur la site et de témoigner.

Un autre élu de la CGC vient à notre rencontre et nous dévoile ce dont nous nous doutions un peu :

— J'ai vu Cédric Paroust et Henri, à la DRH… Le premier ne peut pas vous piffer… Et pour le second, vous n'êtes qu'un chiffre, le chiffre 3 : trois hommes en moins dans les effectifs.

Avec un brin de naïveté je le concède, et je réponds du tac au tac :

— Qu'il nous déteste, c'est une chose, mais ça ne doit pas l'empêcher de bosser avec nous ; moi aussi, il y a des gars qui m'énervent et je travaille pourtant avec eux… Et puis, nous avons un contrat de travail !

*

La direction et les ressources humaines sont officiellement informées de notre situation par l'inspection du travail en octobre 2007, puis novembre.

Sans doute en réaction, en décembre 2007, à la lettre de la DRH. Une porte de sortie paraît s'entrebâiller. « Vous allez être réaffecté. Veuillez vous présenter auprès de votre manager qui va vous donner votre nouveau contrat de travail. »

Dans mon cas, je dois m'adresser à Cédric Paroust. Bon petit soldat, je lui écris, fort de la pseudo ouverture annoncée. Mais c'est la DRH qui répond en me propulsant dans une autre incongruité kafkaïenne : « Cédric Paroust n'est pas votre manager. »

Mais alors, c'est qui ?

À cette interrogation fondamentale, je n'obtiens aucune réponse.

Et c'est seulement en février 2008 – soit trois mois plus tard, quasiment – qu'on m'avertit de ma nouvelle affectation. Avec fiche de poste et une qualification inédite à l'appui : « Responsable d'étude » ! J'en ai le souffle coupé et mal au cœur. Pire, je ressens ce courrier comme une énième provocation ! Car ce titre, je l'avais onze ans plus tôt, lors de mon arrivée chez France Télécom ! Car ce titre n'a rien à voir avec celui d'avant le déménagement, lorsque j'étais « Chef de projet architecture réseau ». Car ce titre ne valide évidemment pas le niveau de « Directeur de programme d'innovation » qui devait m'incomber un jour. Humiliation supplémentaire, après m'avoir abandonné sur un îlot déserté, on me rabaisse, biffant d'un coup tout le travail accompli pour la maison. Mais, dans la haute administration d'Orange, sans doute a-t-on fait une erreur ? La bureaucratie peut en commettre, n'est-ce pas ? Je vais le leur expliquer.

Hélas, je n'en n'aurai pas le loisir. Personne ne me recevra. Et je ne pourrai aller plus loin que les halls d'accueil des différents sites.

Chapitre 14

Les démarches harassantes, destructrices, stériles s'enchaînent. Sans avancées. Et puis une faible lueur vient éclairer ce long tunnel tapissé de déprime et d'humiliations. Dans ma boîte aux lettres tombe un courrier surprenant de la DRH : on me convie à un stage de management destiné à 4 000 cadres, entre mars et avril 2007.

Alors qu'on a tenté, usant des méthodes les plus humainement violentes, de me déstabiliser et contraindre à quitter volontairement l'entreprise, alors que je suis « black-listé » comme me l'ont confirmé plusieurs collègues, je me découvre réintégré parmi l'élite du groupe dans l'optique d'une formation destinée à faciliter la direction d'une équipe. C'est à n'y rien comprendre. Reste que je ne veux pas rater le coche. Et s'il s'agissait du présage que j'attendais ?

*

Je me retrouve avec des collègues que je ne connais pas et qui, comme moi, sont déjà en posture de

« manager de manager ». Nous devons apprendre des nouvelles pratiques managériales. D'emblée, les premiers discours des formateurs, issus des meilleures sociétés de « consulting ou de coaching », sont sans ambiguïté. L'objectif des séances consiste bien à nous mobiliser pour faire accepter le changement en cours au sein de France Télécom Orange. Il y a par exemple la méthode des quatres questions :

1- Quels sont tes souhaits d'évolution par rapport à ton activité actuelle ?

2- Souhaites-tu rester dans ton domaine métier, quitte à changer de secteur géographique ?

3- Accepterais-tu de changer de métier afin de rester dans le même secteur géographique en cas de changement d'organisation ?

4- Toujours en cas de changement d'organisation, si aucune solution proposée par l'entreprise ne te convenait, envisagerais-tu le départ de l'entreprise ?

Conséquence : des salariés se sont retrouvés en mobilité sans en avoir exprimé le souhait.

On nous distribue des documents estampillés « Orange », intitulés « École du management France, réussir ACT » ou « Piloter la transformation ». Où l'on parle de leadership, de performance, de compétence, où l'on nous surnomme « les apprenants ». Du jargon et des concepts pour, en dix jours à peine, nous modeler. Les coachs annoncent que nous allons apprendre à écouter pour, ensuite, mobiliser, cultiver l'empathie avec les collaborateurs, nous engager afin d'induire nos troupes à s'engager à leur tour. Tout en nous montrant authentiques dans le but de mieux porter et défendre une conviction. Une fois ces étapes franchies, nous serons déclarés aptes à piloter la transformation.

En apparence, je ne vois rien à redire à ces documents, mais je déchiffre aussi ce qui se cache derrière les mots si ceux-ci sont mal compris, digérés, retranscrits. N'oublions pas que j'ai été « managé » avant d'être « manager ». Quand les consultants parlent d'un « outil » efficace qu'ils sont capables « d'évaluer », je ne peux m'empêcher de déceler un problème de taille : un outil sert avec des machines, mais là il s'agit de transformer des êtres de chair et de sang. Attention, danger, les rapports humains, dans une structure aussi nombreuse et ramifiée que la nôtre, ne se modèlent, déterminent et commandent pas comme des robots obéissants. Où se niche l'empathie dont on nous rebat les oreilles ?

*

On nous demande de travailler comme on peint au pochoir, de ne surtout pas sortir du « *process* ».

Je ne peux m'empêcher de songer alors à ce que je subis parallèlement : beaucoup de ceux qui sont au-dessus de moi ne sortent pas des clous non plus et me crucifient tous les jours. Le disque tourne encore dans ma tête : « Pourquoi vous ne partez pas ? Avec tout ce que j'entends, pourquoi vous ne partez pas en claquant la porte ? » ; eux aussi entonnent ce discours. C'est cela qu'on attend de moi ? Que je fasse vivre à mon tour un enfer à des collaborateurs afin qu'ils choisissent d'eux-mêmes de partir ?

Me revient alors l'histoire de ce cardiologue, chef de service dans un hôpital, qui jamais n'entendait les plaintes de ses collaborateurs quant à l'état lamentable de son service. Jusqu'au jour où, terrassé par un infarctus, il se retrouve soigné par sa propre équipe. Depuis son lit, il découvre enfin ce que tout le monde lui disait depuis si longtemps : un service désorganisé dans des locaux indignes. Remis sur pied, il va tout révolutionner.

Comme lui, je connais les deux postures, je vois les deux côtés d'une cloison infranchissable, le mur d'incompréhension qui isole le manager du managé.

Son histoire finit bien, mais de la mienne, de la nôtre, qu'en sera-t-il ?

*

Face à ces documents en apparence inoffensifs, je me pose une autre question : « De quelle transformation parle-t-on ? »

Dans nos métiers, tout devenant rapidement obsolète, il nous revient de nous adapter sans cesse. Si nous sommes restés performants, créatifs, si nous pouvons soutenir la concurrence internationale, c'est précisément parce que nous avons su nous transformer. Aussi, quel est le but de ces stages de formation ?

Je ne peux oublier les paroles fortes des dirigeants de France Télécom, Didier Lombard en tête, prononcées face aux cadres supérieurs en 2006 : « Nous ferons les 22 000 ! » Déduction logique : l'objectif principal, c'est d'inciter et provoquer ces départs en trois ans. Voilà donc les « *head count* » dont on nous rebattait les oreilles. Dans la mesure où plus de 70 % du personnel a le statut de fonctionnaire, un plan social est impossible à mettre en place. Solution de rechange : pousser les gens à aller voir ailleurs. Sans, sans doute, avoir réfléchi une seconde que les méthodes envisagées pourraient les pousser surtout… à bout.

Ce plan, élaboré en 2004, est resté secret quelque temps. Seuls les membres de la haute hiérarchie en ont été informés. Puis peu à peu, le chiffre a circulé. Énorme, terrifiant. Aussi, en 2007, tous ceux qui ont subi les assauts répétés de managers réalisent qu'ils doivent envisager de quitter l'entreprise. Court même une rumeur selon laquelle ces derniers verraient leur part variable calculée notamment sur le nombre de salariés s'en allant. Une prime à la casse, en sorte ! Si elle était vraie, cette rumeur, ce serait horrible. Si elle était fausse, elle témoignerait de l'effroi dans lequel chacun est plongé et de l'état d'esprit général de la maison.

En tout cas, on a vu des membres de la hiérarchie monter des dossiers disciplinaires pour coincer tel ou tel salarié et rendre son départ plus négociable !

Quel effroyable gâchis.

*

Une houle de questions me déborde.

Si j'accepte de jouer le rôle, comment vais-je m'y prendre pour appliquer un tel plan de suppression d'emplois ?

Et quel secteur de l'entreprise va-t-il viser ?

« Mobiliser » un salarié prend un tout autre sens dans mon esprit quand je saisis, sur les documents distribués, le petit nota bene sous entendu qui éclaire un peu les néophytes que nous sommes sur la signification du terme « mobiliser ». En langage plus limpide : le « faire partir ». Et pour comprendre réellement ce qu'il s'est passé au sein de notre entreprise, il faudra sans doute un jour entreprendre un travail d'exégèse, de décodage des documents de management ayant servi d'outils au cours de ces stages. Un management qui se nourrissait des frustrations du personnel.

En mettant dans une colonne les mots utilisés, souvent euphémisés, par les formateurs et, dans une autre, la réalité du terrain, on constate le gouffre qui sépare le terme du sens perverti qu'il recouvre, en pratique, au sein des open spaces par exemple. Ainsi, quand la DRH m'assène, lors des entretiens surréalistes d'Orange perspective : « Vous êtes en mobilité ou en redéploiement », pour moi, ça ne veut rien dire. Or pour eux, la traduction implicite se révèle sans ambiguïté : « Fous le camp ! »

Ma seule arme pour repousser de telles attaques consiste à brandir le code du travail. Un peu comme les exorcistes présentent la bible ou brandissent une croix face aux possédés de Satan. Le seul argument disponible qui les a fait taire, mon seul et maigre atout dans ce jeu sournois, c'est : « Présentez-moi un avenant à mon contrat de travail… »

*

Autre exemple, l'empathie.

On ne nous demande pas d'être en empathie avec le collaborateur à mobiliser, mais d'adopter un comportement tel que le salarié aura le sentiment d'être au centre de nos préoccupations. La bonne méthode, selon eux ? Garder le silence, acquiescer, regarder le collaborateur droit dans les yeux. En d'autres termes, cela signifie que ce que dit le subordonné n'a aucune importance, il convient juste de faire comme si…

Dans les exercices pratiques proposés au cours des stages, on nous forme ainsi à jouer la sincérité tout en nous recommandant de ne pas avoir d'états d'âme. Ce n'est plus du management mais cela se rapproche plutôt de la manipulation affective, une arme redoutable, aux dégâts incalculables. Il s'agit d'ingurgiter les valeurs de l'entreprise, de se persuader de leur efficacité, pour ensuite transmettre et « mobiliser ». Car c'est la guerre, la mobilisation est générale et chacun doit s'en convaincre, quoiqu'il en coûte.

Un des documents présenté est stupéfiant à cet égard. Il compare en effet la situation de France Télécom à la bataille d'Angleterre de 1940, où les Anglais, sous la menace des nazis, ont su s'adapter, changer leurs méthodes – en particulier dans le domaine des combats aériens – et ainsi repousser l'ennemi. Autrement dit, ceux qui ne sauront pas s'adapter au changement et à l'innovation technologique au sein de France Télécom Orange subiront le même sort que les nazis voici soixante-dix ans : la défaite !

J'ai plus encore la berlue en constatant qu'un document désigne les partenaires industriels avec lesquels je travaille depuis des années comme des adversaires, des ennemis voulant piller notre part de marché.

Évidemment, que la bataille d'Angleterre, comme l'avait indiqué Churchill, ait provoqué des larmes et du sang, on l'élude ; reste que dans le document que je lis et relis, il ne manque que le nombre de morts en puissance. Mais ce genre de statistique les intéresse-t-il ! Y ont-ils seulement pensé ? Au nom du tout « économie », du business et des résultats d'abord, ont-ils songé aux dégâts humains ? J'en doute fort.

Dans un autre module, il est expliqué qu'il faut « responsabiliser nos managers » (comme si nous ne l'étions pas déjà) ; apprendre à « présenter les opportunités professionnelles » aux collaborateurs, (comme si cette mission n'était pas aussi du ressort des ressources humaines) ; proposer au salarié « un projet professionnel cohérent avec la stratégie du groupe » (comme si le plan de suppression d'emplois n'était pas déjà validé et devenu une priorité).

En rentrant le soir, je frémis, car ce sont des femmes et des hommes que nous avons en face de nous, des vies et pas des chiffres dans un tableau Excel !

*

Les coachs n'hésitent pas à nous infantiliser pour faire croire qu'avant ces stages de formation, nous étions de pauvres managers inertes. On nous apprend dare-dare à positiver tout message, dont nous savons qu'il sera perçu de manière négative par celui auquel il se destine.

« Dire le changement crée le mouvement. » Voilà l'un des slogans affichés. Facile à écrire, difficile à mettre en pratique. Mais cela aussi, nos stratèges l'ont prévu. Durant la formation, sont distribués des guides pratiques destinés à nous mettre en condition avant d'affronter les réalités concrètes.

Notre mission : apprendre à annoncer à un collaborateur que son poste est supprimé, qu'il devra déménager sur une plate-forme téléphonique à 300 kilomètres de chez lui, ou que l'entreprise est prête à l'accompagner dans la recherche d'un nouveau projet professionnel, si possible loin de France Télécom. Joyeux programme !

Les deux modules sont sobrement intitulés « Conduire un entretien individuel » et « Accompagner un collaborateur en processus de changement ». Mais, derrière, une réalité plus sordide ne peut qu'émerger.

Dans le premier document, quelques précieux conseils nous incitent à piloter un entretien dans des conditions optimales. Il s'agira d'évaluer, avec le salarié visé, ses compétences, ses performances, d'écouter ses doléances en proposant « d'en parler plus tard », d'éviter de le brusquer, de le braquer, au risque qu'il ne veuille plus rien entendre. Car l'essentiel, c'est ACT, le projet de mise en mouvement de toutes et tous au sein du groupe.

Peu à peu, donc, le manager doit convaincre son subordonné de la nécessité de changer, bouger. Avec des phrases comme : « Le marché évolue, le groupe évolue en réponse, donc les besoins évoluent » ; « Cette nécessité ne remet pas en cause la performance et le professionnalisme du collaborateur » ; « La valeur professionnelle, c'est la capacité du collaborateur à bouger »... Or il y a un gouffre entre l'écrit et le terrain.

Une autre spécialité « maison » devient un « *must* » du dispositif : l'euphémisme. Les spécialistes consultés par la suite sur ces méthodes managériales mal digérées ne s'y tromperont pas : ils s'interrogeront à la lecture de cette « littérature » du management sur sa ressemblance avec une mise en forme d'un système de manipulation.

*

Mais c'est par un autre module que je vais découvrir la volonté profonde de nos dirigeants. Celui intitulé : « Accompagner un collaborateur en processus de changement. » A priori quelque chose de neutre, en tout cas propre sur lui, mais sans doute selon moi le plus abject de tous les documents remis. Car, au fond, il donne les méthodes, les phrases à utiliser pour inciter au départ.

Moi qui vis un calvaire, je me retrouve face au mode d'emploi du processus que l'on m'inflige.

Ce jeu dangereux s'amorce par la « relation manager-collaborateur ». Pour le premier, il s'agit de trouver la bonne distance avec celle ou celui qu'il doit « accompagner ». Ne pas trop s'éloigner mais éviter aussi « la fusion », voilà le bon équilibre. Inutile « d'ignorer l'affect » – ce serait « ne pas reconnaître la personne » –, mais il faut prendre garde, à l'inverse, à ne pas entrer en « fusion affective » avec l'autre, ce qui serait contre-productif pour le manager.

Après avoir laissé s'exprimer le salarié, le manager se doit de lui faire comprendre les nécessités du changement, sa nécessaire adaptation à l'évolution de l'entreprise, tout en soulignant évidemment – un peu d'esprit positif, quand même – sa « performance » et son « professionnalisme ».

Il faut aussi « insister sur le fait que la mobilisation concerne tout le monde, y compris le manager ». Traduction : l'immobilisme devient synonyme de résistance à la modernité et d'insécurité. Apothéose : afin que le collaborateur se sente encadré, il appartient au manager de lui présenter les opportunités offertes par le groupe : mobilité (ce qui peut vouloir dire changer de poste, en accepter un moins qualifiant, partir à 300 km de chez soi), parcours professionnel accompagné (avec un encadrement formaté de la même manière), repères fixés par l'espace développement (où l'on sait qu'il relève plus de la mise au pas ou du « reformatage » de disque dur).

*

J'arrive à la page 5 du dossier.

Et je tombe en arrêt devant cette feuille de format A4 : sous mes yeux, en modèle réduit, se trouve le fameux croquis collé sur le mur de Mme Biard, la DRH d'Orange perspective. Une courbe et, en légende, ces mots hélas prémonitoires pour certains salariés : « Les phases du deuil. » Cet outil doit permettre au manager de connaître la place, d'un point de vue psychologique, du salarié auquel on annonce une mutation : soit à cause de son changement de métier au sein du groupe, soit à cause de la suppression de son poste qui induit son départ de l'entreprise.

Un critère est jugé essentiel : le degré « d'énergie et de satisfaction » du salarié.

Tout commence par l'annonce du changement. Dont nos stratèges savent qu'elle va entraîner chez le collaborateur une phase « d'incompréhension, de négation, de rejet total ». En somme, il refusera de comprendre. Or le manager doit rester sur le qui-vive : si l'énergie est en chute libre, le salarié peut se révolter et commettre des actes de « sabotage ». D'où le devoir impératif de conserver une emprise sur lui. Et quand il sera au plus bas, il tombera dans une phase de décompression, qui se traduira par de « la tristesse, de l'absence de ressort, du désespoir ». En psychiatrie, cela s'appelle la décompensation, mais les stratèges de France Télécom n'ont certainement pas voulu semer la terreur en préférant un terme qui ne veut rien dire d'un point de vue clinique. Encore une fois, le manager se doit d'être très présent. L'objectif est que son subordonné se résigne, et même s'il perd « enthousiasme et convictions », qu'il accepte le changement.

Là, en 2007, je ne peux quitter des yeux cette courbe du malheur qui résume tout ce que je subis depuis 2004 au contact des ressources humaines de France Télécom. Je comprends aujourd'hui pourquoi Mme Biard me lançait sans cesse : « Vincent, vous êtes dans le déni ! » Elle appliquait à la lettre le schéma imposé. Et quand, au cours de la vingtaine d'entretiens que j'ai eus de mai 2005 à septembre 2006, elle me reprochera d'être dans la colère, la révolte, alors que je demandais simplement un avenant à mon contrat de travail, seule posture possible pour me préserver et éviter de plonger dans la folie, elle reproduisait le processus initié en haut lieu.

*

Devant ces stages aussi édifiants qu'éprouvants pour moi, je constate qu'on veut me faire changer mon style de management, mais on oublie que je suis aussi de l'autre côté de la barrière, victime d'un système devenu fou. Or cette phase de décompensation, je l'ai essuyée. Et oui, j'étais sans force, triste, désespéré. Et oui, seuls les médicaments m'ont permis de surnager. Et je comprends mieux pourquoi mes interlocuteurs des ressources humaines ne semblaient pas surpris par mes réactions. Ils savaient à l'avance que l'insupportable me ferait rejeter leur proposition, *a fortiori* s'il s'agissait d'une suppression de poste ou d'un changement d'affectation sans avenant à mon contrat de travail.

D'un coup, j'ai un haut-le-cœur : nos stratèges espèrent que je ferai subir à d'autres ce qui a failli, moi, me tuer. Ma réponse est, déjà : « non ! »

*

On pourrait me rétorquer que j'ai une vision personnelle et déformée de ces documents comme des méthodes conseillées. J'en accepte la remarque.

Mais je tiens à signaler que, voici quelques mois, est paru un petit livre qui corrobore mon témoignage point par point. Il est l'œuvre de deux consultants ayant travaillé pour France Télécom Orange : Bruno Diehl et Gérard Doublet [1] – lesquels racontent comment des travaux pratiques sans ambiguïtés étaient proposés aux futurs managers. Dont l'un intitulé : « Vous devez réduire de 50 % les effectifs de votre plate-forme ; 25 personnes doivent donc partir. » Une perspective chiffrée aussitôt mise en scène dans un cas concret, dont voici

1. *Orange, le déchirement*, Gallimard, 2010.

le libellé : parmi les 25 « mutants », un collaborateur, dont la mère a une maladie grave. Il lui rend visite chaque jour. Or, sa mutation doit l'envoyer à plus de 100 km. Question posée : comment vous y prenez-vous pour le faire partir ?

La solution préconisée, pleine d'humanité, est de lui faire comprendre l'importance qu'il emmène sa mère avec lui ou, mieux, qu'il démissionne pour rester auprès d'elle. Culpabilisé, il prendra de lui-même la bonne décision : jeter l'éponge. Durant l'exercice évoqué, les participants se surprennent à jouer le jeu. La DRH vit chaque départ comme une victoire. La publication des chiffres donne lieu à des manifestations de joie, saluées par des *standings ovations.* C'est oublier trop vite que derrière le « jeu », il y a des réalités humaines de chair et de sang.

Selon les deux consultants, des cadres refuseront d'appliquer ces méthodes ou abandonneront avant la fin des stages. Un repli, plutôt courageux, qui leur sera reproché par leurs supérieurs, lesquels subiront en retour le courroux de la DRH.

*

Évidemment, promouvoir ce genre de stratégie va à l'encontre de mes valeurs humaines. Et l'idée même de faire entrer un collègue dans une spirale infernale devant le conduire à accepter malgré lui un changement dans sa vie professionnelle me répugne. D'autant que ces changements brutaux s'accompagnent souvent de dégâts collatéraux. Impossible pour mon honneur, mon éthique, d'accepter de mener ce genre d'opération de déshumanisation. Ils ne me feront pas endosser le treillis du sergent recruteur de la légion qui assène le fameux : « Signe ici, tu verras du pays. » S'engager pour faire s'engager est, sur le papier, un beau programme, mais ces mots peuvent diriger un collaborateur sur une voie de garage, voire sans issue, et je m'y refuse.

Car j'ai vu des collègues en souffrance. Durant ces trois années de calvaire personnel, j'ai écouté d'autres hommes en perdition, ne comprenant plus ce qu'on attendait d'eux, prêts à bouger dès l'instant qu'on leur dirait quelle direction prendre puis, soudain, frappés d'une maladie mortelle : l'indifférence de l'autre. J'ai eu le cœur serré d'entendre des ingénieurs brillants, passionnés, « faire semblant » alors que leurs yeux exprimaient la détresse, de voir des hommes et des femmes éteints parce qu'on ne les regardait plus.

Aussi, que certains aient choisi de quitter la vie, de dire « basta ! », ne m'étonne pas. J'ai moi-même failli prendre le même chemin. Je sais ce qu'ils ont subi jusqu'au dernier souffle, je sais qu'ils ont pensé aux leurs, à ceux qu'ils aimaient mal depuis qu'ils avaient mal, à ceux qui souffraient de les voir se détruire.

Non, M. Lombard, se suicider à France Télécom n'est pas « une mode » qu'il s'agirait de faire cesser, comme vous avez eu l'outrecuidance de le déclarer un jour d'octobre 2009 devant un Xavier Darcos médusé, mais la seule solution de beaucoup face à l'inacceptable.

Moi-même, je n'ai eu de cesse de vous alerter sur les dangers qui nous menaçaient tous. Vous avez été en copie de tous les courriers recommandés adressés à votre bras armé, Cédric Paroust. Vous ne pouviez donc ignorer ce qu'il se passait au sein de l'entreprise que vous dirigiez. Et vous n'avez rien fait !

Aujourd'hui, l'entreprise en tant que système organisé a une responsabilité dans le destin de ses salariés. Et, selon lui, dans la mort de certains. Or, qui a inoculé le virus du cynisme à l'ensemble de nos dirigeants ? Et aux DRH, chargés d'exécuter leurs basses œuvres ? Car c'est ce cynisme qui a provoqué les drames que l'on sait, et ceux que l'on minore ou cache depuis longtemps.

Comme en temps de guerre, les stratèges ont anticipé qu'il y aurait des pertes. Les décideurs de France Télécom n'admettent-ils pas noir sur blanc que des salariés, des hommes et des femmes produisant la richesse et la performance de cette entreprise, peuvent plonger dans une profonde dépression suite aux mutations en cours ? Certes, aussi, la mission du manager était de les ramener à la raison, autrement dit à accepter le changement, la mobilité ou le départ du groupe. Mais certains ne sortiront jamais de l'état dépressif créé et n'auront comme horizon, comme échappatoire, que la mort. Quel bilan !

Pour autant, comment justifier des méthodes qui s'inspirent directement des travaux d'Elisabeth Kübler-Ross, célèbre psychiatre américaine, laquelle, durant toute son existence, a travaillé sur l'accompagnement des patients en fin de vie ? Comment avoir osé recourir à des procédés mis au point par des cliniciens officiant dans des services de soins palliatifs de personnes en fin de vie pour « traiter » des hommes et des femmes auxquels on veut annoncer un changement de vie professionnelle ? N'y a-t-il pas un dévoiement des idées, des concepts ?

Bien sûr on n'avait pas prévu ces suicides, mais on a pris le risque d'atteindre l'homme dans ce qu'il a de plus précieux, son psychisme, son affect, son âme. En pratiquant ainsi, on a joué aux apprentis sorciers. Et, comme dans *Frankenstein*, ces derniers ont été dépassés par la machine qu'ils ont créée, et qu'ils ne maîtrisaient plus. À ce titre, la question d'une responsabilité lourde est posée. Certains avocats parlent d'ailleurs de mise en danger de la vie d'autrui, et la justice sera amenée à trancher.

Accompagner des collègues vers la mort en acceptant de « faire le deuil » est aux antipodes de ma conception du travail. Moi, je veux les attirer vers la vie, stimuler leur créativité. Mon objectif n'est certainement pas qu'ils tombent en dépression, mais qu'ils puisent dans toutes leurs ressources de vie.

Témoignage

Christophe Dejours : « France Télécom a fabriqué des "killers" » !

Il est important de tenter d'en savoir plus sur les documents évoqués par Vincent Talaouit en apparence anodins, de chercher un peu de lumière auprès de spécialistes.

Christophe Dejours, psychiatre – sans doute l'un des plus compétents de sa génération –, professe au Conservatoire national des arts et métiers de Paris et observe, depuis des années, une détérioration des relations sociales au sein des entreprises. Il est l'auteur de plusieurs ouvrages sur la souffrance au travail, un mal hélas de plus en plus partagé en France et ailleurs.

Nous lui confions les documents, dont il n'avait pas connaissance avant de nous rencontrer et qui proviennent de l'école du management de France Télécom ou de sociétés de « coaching ou consulting ».

Une demi-heure de lecture attentive, quelques signes d'étonnement et quelques sourires plus tard, il nous livre son sentiment :

« L'objectif présenté dans ces brochures n'est pas discuté et, d'ailleurs, il pourrait servir plusieurs objectifs.

Ce n'est pas un ordre qui va être donné, c'est là toute la nuance.

Le but, il faut le masquer, le dissimuler : et ce but, c'est de faire partir le salarié. Il s'agit donc d'un document destiné à présenter les méthodes qui permettent au manager d'apprendre à manier la relation qu'il devra développer avec les salariés.

A priori, on peut penser que les gens auxquels on va dire de prendre la porte n'ont pas envie de s'en aller. Donc il faut les manipuler, afin qu'ils admettent peu à peu l'idée de ce départ et qu'ils finissent par participer à leur propre départ. C'est là l'enjeu. On va faire quelque chose qui n'est pas rien, faire partir 22 000 personnes, et que cela se passe sans remous.

C'est très particulier d'amener les gens à être consentants. Il faut les manipuler afin qu'ils acceptent de partir, il faut donc des manipulateurs. Les manipulateurs seront formés et accepteront de mettre leur énergie, leur imagination, au service d'une stratégie mise en place par leur direction.

On a donc entraîné une grande quantité de managers dans des actions très discutables d'un point de vue moral. Bien sûr, rien de tout cela n'est formulé de cette manière.

Afin d'être efficace, la manipulation doit d'abord s'appliquer aux managers, afin qu'ensuite ils puissent manipuler leurs subordonnés, et le tout sans remous. C'est pour cela que tout est "euphémisé", que tout est allé très vite, comme si on prenait le personnel de vitesse pour éviter le moindre mouvement social.

Les mots ne sont pas choisis au hasard. Tout est feutré, transformé : "manipuler" c'est aider, insister, maîtriser ; "exercer une emprise", c'est accompagner. Cette transformation des mots ou de leur sens premier va servir à cacher au managé le but réel poursuivi par le manager, et à ce dernier d'être finalement rassuré sur les méthodes qu'on lui demande d'utiliser, méthodes présentées sous un jour anodin. Il pourra se dire ainsi : "Je ne fais rien de mal, je fais de l'accompagnement et du soutien." Par exemple, on ne demande pas au manager de résoudre un problème qu'il pourrait rencontrer. On lui dit : "On a pensé pour vous, on a préparé ça pour vous, ne réfléchissez pas, vous êtes bêtes, restez bêtes ; vous n'avez pas le temps, surtout n'en prenez pas."

Cette idée de "killer" circule dans le monde de l'entreprise, je l'ai rencontrée très souvent dans la bouche de mes patients. On les appelle aussi les nettoyeurs. Certes, ces mots ne sont pas utilisés dans les documents de management de France Télécom présentés. Ici, tout est aseptisé. Reste que voici quelques années, il était de bon ton d'engager des "killers" et de le dire ouvertement : "On en a assez du système, il y a trop de parasites dans notre entreprise, on va donc faire le ménage." Des propos entendus personnellement dans les années 90. Mais, aujourd'hui, les patrons se montrent beaucoup plus vigilants parce que ce genre de message violent ne passerait pas bien. On va donc faire la même chose, mais sans le dire, et confier cette mission de nettoyage aux cadres, lesquels se retrouvent en position d'exécutant et se dédouanent.

Pourquoi ces derniers s'y plient-ils ?

D'abord, parce qu'ils ne veulent pas eux-mêmes faire partie de la charrette des exclus. La peur les guide et, d'une certaine manière, la lâcheté. La notion de trahison de soi est très importante.

Parfois il arrive que le manager croie vraiment ce qu'on lui dit, croit que l'entreprise est en danger, croit à la guerre économique, qu'on n'a pas le choix, qu'il convient d'arrêter de pleurnicher et que s'il faut pousser à partir un certain nombre de salariés pour rassurer tous les autres, faisons-le ! Le manager va donc passer un contrat avec l'entreprise, un contrat de loyauté. Il va taire ses états d'âme pour elle. En échange, on lui délivre un certain nombre de promesses. Augmentation de salaires, plan de carrière et autres primes. Le manager, ainsi rassuré, va faire ce qu'on lui demande et accepter de se trahir lui-même.

Mais si, par malheur, quelque temps plus tard, l'entreprise se montre déloyale à son égard, comment vivra-t-il cette situation imprévue ? Il a viré des gens, s'est sali les mains, a fait tout ça pour l'entreprise et, en retour, non seulement le poste promis ne lui revient pas mais c'est à son tour de partir.

Dans le meilleur des cas, il acceptera de déménager à 300 km de chez lui, loin des siens, tant le sentiment d'injustice est terrible à supporter, surtout lorsqu'il arrive sur un terrain fragile : celui de la trahison de soi. Là, certains peuvent avoir l'envie d'en finir.

Or, chaque suicide aggrave la position de ceux qui restent.

Il y a un suicide puis un autre. La direction prend la parole pour expliquer que ce sont des problèmes personnels. Et cette affirmation fausse, qui ne tiendrait pas devant la moindre analyse clinique, accable ceux qui restent. À chaque fois qu'on dit que ce n'est pas l'entreprise, ça signifie qu'on ne fera rien pour arrêter ça. C'est comme si le suicide était devenu ordinaire, banalisé.

Je vous assure, j'ai vu ça souvent ; ce n'est pas seulement la famille du suicidé qui est touchée, mais le bureau où il travaillait, voire l'entreprise dans son ensemble.

Il y a un suicide, puis un autre, et chacun songe : "À qui le tour ?"

Dans la courbe que vous me présentez, on voit bien qu'ils avaient tout anticipé dès l'annonce faite par le manager du style : "Tu vas devoir partir…" Le rejet du salarié, son sentiment de révolte, le sabotage, toutes ces phases sont prévues par le management. Et c'est aussi vrai pour la décompression, terme édulcoré pour parler de la décompensation en terme psychiatrique. On lit tristesse, absence de ressort, dépression. On voit donc qu'on savait que les manipulateurs faisaient courir le risque à leurs collaborateurs de traverser des périodes critiques avec dépressions graves, voire pire.

Le manipulateur sait donc très bien ce qu'il va faire. Le but à atteindre, c'est la résignation puis l'intégration, le consentement.

Les dirigeants de l'entreprise ont délibérément fait passer des milliers de salariés par ces étapes douloureuses et dangereuses, avant, éventuellement, de les pousser à accepter le changement programmé. Le problème, c'est qu'ils ont fait passer une situation de concurrence pour une guerre, alors que ce n'est pas une guerre. À partir de là, la fin justifiant les moyens, on pourrait tout se permettre.

J'ai souvent eu ce genre de dialogue avec des patrons de grandes entreprises, lorsqu'ils m'interpellent en disant :

— Écoutez monsieur, vous êtes bien gentil, mais vous êtes médecin. Nous, nous avons des responsabilités. Et, de toute façon, il n'y a pas d'omelette sans casser des œufs. Si nous voulons gagner la guerre, il y aura des morts, c'est écrit dans cette courbe du deuil.

Et, pour eux, il n'y a pas d'état d'âme à avoir. Sous-entendu, docteur, vous êtes un sentimental, un romantique, à côté de la réalité.

Non, justement, leur dis-je, je ne suis pas à côté de la réalité. Car moi, je fais la voiture-balai. Pendant que vous cassez les gens, moi je les ramasse. La manière dont vous gérez votre entreprise nous conduit tous dans le mur ; c'est vous qui êtes aveugle et sourd à casser les solidarités, à casser le travail collectif.

Que conclure ?

Que ces nouvelles méthodes d'organisation font courir de graves dangers aux entreprises françaises exaltant la performance individuelle au détriment du collectif. D'autant que les syndicats aussi en sont victimes. En se trompant de combats, ils ont du mal à mobiliser les salariés. Et la France est devenue ainsi l'un des pays les moins syndiqué d'Europe. »

Chapitre 15

Dans mes périodes de déprime, ce temps où j'avais besoin des autres pour comprendre, j'ai fait partie d'un groupe de parole à but thérapeutique.

Et je n'oublierai jamais la femme venue raconter un viol subi dans son enfance, qui plus est commis par un membre de sa famille. Lors des premières séances, elle exprime une souffrance immense due à un sentiment de culpabilité l'accompagnant depuis des années. Le fait d'avoir laissé faire son abuseur, qui a manié tour à tour la douceur et la menace, la laisse dans un doute destructeur. Le travail des thérapeutes consiste à lui faire admettre le cadre dans lequel ces actes criminels ont eu lieu : un adulte qui a, sous sa coupe, une enfant vivant dans une cellule familiale sécurisante qu'elle ne veut pas déstabiliser. Le chemin a été long, tortueux, et cette victime a finalement prononcé le verbe libérateur : je dénonce.

Son « j'accuse » l'a complètement changée : autrefois, elle arrivait avec de gros pulls sans âge, des cheveux désordonnés et des yeux baignés de tristesse. Après avoir admis être victime de l'insupportable, elle est revenue maquillée, habillée avec soin, soudain soucieuse de plaire.

Sa transformation a été un déclic pour moi.

*

Dans quel cadre étais-je, dans quel cadre voulait-on que j'entre ? Quand je choisis de m'arc-bouter sur le code du travail et de réclamer un avenant, on me laisse sans réponse. J'ai voulu jouer le jeu du cadre dans un cadre – combatif, impliqué, adhérant aux valeurs du groupe – avant de m'apercevoir que ces valeurs-là n'étaient pas les miennes.

Oui, ce que j'ai vécu durant ces années constitue à mes yeux une effraction psychique comparable à un viol. Je sais aujourd'hui pourquoi il n'était jamais question de travail, de métier, voire de performance dans les conversations officielles : le but était de nettoyer et de pousser dehors 22 000 personnes en trois ans. On a donc joué avec mon engagement en faveur du bien commun pour m'inciter à manipuler des intelligences individuelles. Et quand je songe que beaucoup sont morts, ne pouvant s'échapper de la prison psychologique et affective dans laquelle on les avait enfermés, j'en suis encore saisi d'effroi.

*

En vérité, la « courbe du deuil » n'est pas l'apanage du management de France Télécom Orange, sinistre constat qui ne saurait pour autant le dédouaner. De nombreux manuels de coaching ou de consulting, souvent inspirés de méthodes anglo-saxonnes, font référence aux mêmes phases psychologiques traversées par les salariés confrontés au changement.

Ainsi, *Le grand livre de la stratégie*, du Boston Consulting Group, consacre plusieurs pages, dans le chapitre « Mobiliser en stratège les ressources humaines », à ce qui est présenté comme « la vallée du désespoir ». Au fil d'une courbe descendante puis ascendante, on y trouve le déni, la colère, le marchandage, la dépression, l'ouverture puis l'acceptation. Les spécialistes du BCG, très écoutés dans le monde entier, estiment même que la période de dépression est « nécessaire ». À chacun de juger. Ce supplément d'impudence mis à part, la vallée du désespoir ressemble à s'y méprendre à la courbe du deuil du docteur Kübler-Ross, laquelle n'imaginait sans doute pas que son travail d'accompagnement des patients en soins palliatifs, tous ces condamnés qu'elle aidait à accepter l'idée de leur propre mort, serait un jour détourné par des stratèges en entreprise. Car le mal commis est là : avoir dévoyé des pratiques utilisées ailleurs sans les mêmes dégâts.

Reste qu'on a joué avec le cerveau et le cœur de milliers de personnes, profitant de leur investissement, de leur loyauté, de leur don de soi et qu'on a poussé certains d'entre eux vers la mort. Or, voilà la réalité d'une entreprise dans laquelle je fus si fier de vivre.

À ce titre, France Télécom Orange et ses dirigeants ont, selon moi, des comptes à rendre à la cité. Parce que la cité a des responsabilités vis-à-vis de l'entreprise, elle-même vis-à-vis de l'homme, et l'homme vis-à-vis de ses semblables. Ce groupe ne peut revendiquer un statut particulier, celui que lui accorderaient, notamment, ses activités dans un secteur stratégique. Dans un état de droit, il a des devoirs, en l'occurrence celui de respecter la loi, que celle-ci porte sur les droits de l'homme ou du travail.

*

Lorsque je prends pleinement conscience de l'enjeu énorme que l'on a voulu faire peser sur nos – mes – épaules, que je réalise avoir cru en une entreprise qui ne croyait plus en 22 000 de ses membres dont moi, le choc est hyperviolent pour le pauvre hère que je suis. Un matin, je me lève d'une nuit peuplée de cauchemars dont les somnifères ne m'ont pas préservé. Et un voile blanc se lève devant mes yeux. C'est vertigineux : meubles et objets sont à peine visibles dans ce nuage laiteux.

Par un réflexe salvateur, je me recouche. S'agit-il des premiers signes d'une fin proche ? Quand je parviens à me relever, le moindre effort vire au supplice. Mon corps est en rébellion totale. Même mes pieds, si fidèles jusqu'ici, en ont plein les bottes et refusent d'avancer. Je n'avais déjà plus ma tête, voilà que mon véhicule me fait le coup de la panne. Forrest Gump s'est bien arrêté un jour…

Banni du travail, lundi 26 novembre, contre l'avis médical, j'utilise 5 jours de congés croyant laisser une semaine encore à Cédric Paroust, et aux autres. Mais rien ne change.

Lundi 3 décembre, j'utilise 5 jours de congés de la même façon. Mais, là encore, c'est le déni total.

Lundi 10 et mardi 11 décembre, sur quatre sites, même planté en face d'eux, avec courrier recommandés et textos, ils me nient. Suis-je mort ?

Cou bloqué, dos en capilotade, genou en vrille, je me traîne jusqu'au cabinet du médecin. À l'évidence, il en a ras-le-bol de me revoir toujours plus mal :

— Vincent, c'est fini, moi je ne peux plus rien pour vous… Ces trois arrêts maladie devraient servir normalement à se requinquer, à sortir du trou… Vous, vous avez continué à creuser, et quand vous serez bien au fond, il sera impossible d'en sortir… Donc direction le psychiatre, la seule issue !

L'avis médical est sans appel, et, cette fois, j'obtempère.

*

Ce 12 décembre 2007, le choc est immense quand je me retrouve dans la salle d'attente de la psychiatre conseillée par mon médecin traitant. Dès l'arrivée, je remarque un cadre accroché au mur. Qui représente une canette métallique d'un célèbre soda complètement écrasée. Quand on la regarde attentivement, on peut y voir la silhouette d'un homme brisé auquel on aurait fait subir les pires tortures. Si ce tableau est censé me représenter, j'ai bien fait de venir.

Reste qu'en observant les autres patients, je ne peux m'empêcher de penser : « Il y a peu, j'étais au top, heureux dans mon boulot, comblé dans ma vie personnelle, tout roulait… Et là, je suis au fond du trou après une grave sortie de route. »

Je suis convaincu, de prime abord, que les psychiatres sont les intervenants ultimes quand il n'y a plus rien à faire. Les gens qui m'entourent sont donc irrécupérables. Or je suis assis près d'eux. Ça y est, je suis passé de l'autre côté, dans le monde des fous, dans ce cercle des paumés disparus qui compte autant de jeunes que de vieux, autant d'hommes que de femmes. J'ai du mal à admettre avoir franchi, comme eux, la barrière de la normalité. En vérité, je ne sais rien de ces gens. Ce que je trimballe est un oppressant sentiment de culpabilité : je n'ai pas été capable de répondre aux attentes de ma hiérarchie, ni à la pression exercée par mes managers directs. En conséquence, l'entreprise m'a rejeté.

Après vingt minutes d'attente, je décide de m'en aller : je n'ai vraiment rien à faire ici, je ne suis pas comme eux. Je ne peux pas être comme eux. Et puis, je flanche. Sans savoir ce qui m'a incité à rester. Peut-être de revoir le film débile du hamster pédalant dans sa cage, immobile malgré tous ses efforts. Peut-être de ressentir avec force le décalage entre ce que je vivais et l'attitude de ceux qui me rejetaient à chacune de mes tentatives pour rencontrer mes supérieurs. Au fond, je ne suis pas plus ridicule ici avec d'autres souffrants.

Quand vient mon tour, je suis résigné à devoir m'adapter à mon nouveau milieu, celui des « fous ». Et je pénètre dans le cabinet encore plus abattu qu'à l'arrivée.

*

— Asseyez-vous Vincent et bienvenue…

La voix est douce, le sourire aussi. La dame que j'ai en face de moi me rassure. Elle doit être grand-mère et je sens chez elle une dimension humaine hors du commun. Une bouffée d'air, un sacré contraste pour quelqu'un qui n'a fréquenté que des robots sans âme durant quatre ans.

Dans son cabinet : des statuettes et des centaines de livres. Instantanément, je m'y sens bien. Dans ma pièce-bureau, aussi, chez moi, j'ai accumulé les livres dont j'aime la présence.

Elle est à la fois corpulente et d'un dynamisme étonnant, se déplaçant sans effort de son bureau à son fauteuil.

— Bon, je vois que vous avez subi trois arrêts médicaux à quelques semaines d'intervalle, comment en êtes-vous arrivé là Vincent ?

Enfin quelqu'un accepte d'entendre ce que j'ai à dire. Je me lance alors dans le récit de mes années de survie, mélange de passion et d'incompréhension, de soupçon et de naïveté, de rancœur et d'engagement sans faille.

Elle écoute attentivement, son visage ne trahit rien, pas même lorsque j'égrène les assauts subis. Je n'oublie rien de l'expérience de désincarnation progressive que j'ai vécue, des regards qui se détournaient lors de mon passage, des conversations interrompues dès mon arrivée dans l'open space, autant de petits riens qui m'ont peu à peu fait disparaître aux yeux des collègues et mené dans son cabinet.

Mon unique objectif, en venant la voir contraint et forcé, est de savoir si je suis devenu fou ou si j'ai été la victime d'une bande de fous.

Quelques séances sur le divan plus tard, je dirai vraiment ce que je ressens quant aux femmes et hommes qui ont assumé un rôle moralement intenable, provoqué départs et drames avant d'être récompensés comme s'il s'agissait d'actes de bravoure. J'ai donné sans compter, des années durant, et c'est moi qui me retrouve chez un psy. J'en suis écœuré, ce que j'exprimerai dans une logorrhée interminable imposée à ma psychiatre. Mais pour ce premier contact, je parle uniquement de moi. À la fin du récit, tandis que je reprends mon souffle, elle me pose la seule question qui vaille :

— Vous avez compris maintenant ?

Que dois-je comprendre ? Ce que je n'ai jamais voulu admettre, qu'ils voulaient se débarrasser de moi ? Sa question me désarçonne dans la mesure où j'ai toujours évité de me la poser clairement en quatre ans. Or c'est précisément cette dérobade qui fait que je me retrouve aujourd'hui face à elle.

Dans le même temps, ainsi exprimée, sa remarque démontre qu'elle me croit. Et cela m'apaise. Pas suffisamment cependant pour la rassurer complètement.

Lorsque je lui raconte le déménagement tragique de septembre 2007, j'insiste sur mon envie d'appuyer sur le bouton stop, simplement pour ne plus avoir mal.

— Quand je marchais sur les bords de Seine, j'étais attiré par l'eau ; quand j'attendais le métro, j'étais attiré par les rails. Idem quand je voyais approcher le bus… Je me disais : « J'en ai tellement dans le citron qu'il suffirait que je présente ma tête face au bus pour que tout s'arrête. »

Elle sait que je suis en train de prendre conscience de tout ce que j'ai vécu, mais surtout du but véritable poursuivi au-dessus de moi. Et imagine combien le réveil se révèle brutal. Car à France Télécom Orange, on me fait désormais passer pour le responsable de mes malheurs. Je montre à la psychiatre les trois courriers recommandés que je dois aller chercher à la Poste. Ces courriers recommandés accumulent des accusations contre moi.

Avant que je ne quitte les lieux, elle me dit :

— Vincent, pas de bêtise, on est d'accord. De toute façon je veux vous revoir dans deux jours… D'ici là, vous vous tenez à carreau n'est-ce pas ?

— Mais pourquoi si tôt, docteur ?

— Regardez-vous. Dans l'état où vous êtes, il est indispensable que vous puissiez évacuer un maximum… Vous vider, c'est essentiel… En outre, votre traitement est insuffisant. Nous allons donc mettre le paquet.

Elle va me mettre en arrêt maladie pour la quatrième et dernière fois.

*

Je repars avec une ordonnance longue comme un jour sans pain. Des médicaments si forts que je marcherai la plupart du temps au radar. Vais-je avoir la lucidité pour exprimer tout ce que j'ai à balancer ?

La réponse viendra de ma psychiatre :

— Ce que vous allez révéler sera si violent pour vous que ces médicaments, aussi puissants soient-ils, vous aideront provisoirement, croyez-moi.

Il est évident que toutes ces années, j'ai partagé le moins possible de mes souffrances avec Lorène et mon entourage. J'ai toujours considéré que ma famille ne devait pas être une poubelle dans laquelle déverser mon amertume. Les miens n'ont pas à payer pour ce que je subis au bureau.

*

En ressortant du cabinet, je suis à la fois étonné de m'être déshabillé autant devant quelqu'un que je ne connais pas, et de constater le bien que cela me fait. En outre, dans mon imaginaire, le psychiatre était le médecin des « barjots » et je m'aperçois qu'il n'en est rien.

Si bien qu'au fil des séances, dans la salle d'attente des liens se sont tissés entre les autres abîmés de la vie et moi.

Il y a une femme médecin avec laquelle j'ai pu parler de tout, parfois de sujets passionnants ; une autre qui a vécu une étrange période de dissociation, entendant des voix qui auraient pu la conduire vers le suicide et qui, aujourd'hui, se sont tues.

Une jeune femme m'a raconté, en montrant des cicatrices sur ses poignets, qu'elle ne s'était pas aperçue de sa descente aux enfers. Quand elle a compris, il était trop tard et au bout de ce chemin douloureux, il y avait la mort qu'elle avait choisie, mais qui n'a pas voulu d'elle. En arrivant, elle était à l'image de la canette de soda écrabouillée. Depuis, elle tente de se remodeler et de reconquérir une dignité. Sans ce suivi psychiatrique, elle ne serait plus parmi nous et le sait.

Moi aussi.

Chapitre 16

Les médecins qui m'aident depuis plus de deux ans à progresser dans le long tunnel froid m'ont permis de comprendre quelle fut ma vraie place dans l'entreprise, et par là même, dans la cité. En écrivant systématiquement tout ce que je traversais, en relisant aujourd'hui les nombreux recommandés adressés à mes supérieurs hiérarchiques, je suis capable de reconstituer le crime.

Une entreprise d'analyse d'autant plus motivante qu'à plusieurs reprises certains ont tenté de se dédouaner dans des courriers à la fois indécents et maladroits, me reprochant même, en 2008, ma « rébellion » puis mon « attentisme » ensuite. Toujours le même langage militaire pour laisser croire que j'aurais provoqué ma propre perte ! Mais les mots aident, eux aussi, à se reconstruire.

*

Ma psychiatre m'a toujours vanté les vertus de l'écriture : « Si vous avez l'énergie, écrivez, consignez, laissez des traces… » me dit-elle.

Pendant mes nuits sans sommeil et mes journées sans fin, je suis donc son conseil. Mes managers, les grands patrons de France Télécom Orange, la Direction générale du travail, le ministère du Travail, tous ont droit à ma prose.

Ne me sentant plus isolé désormais, je prends un vrai plaisir à faire la queue à la Poste pour expédier mes recommandés. Je communique, je fais savoir et peu importe si je termine certains courriers à 4 heures du matin, si l'envoi de mes missives me coûte une fortune. Écrire est devenu une thérapie. Appliquant la recommandation, je vomis, je crache, j'extirpe le mal qui me ronge depuis trop d'années.

En alertant les instances dirigeantes du groupe, je ne rends pas seulement compte de mes déboires puis de mes souffrances, je les éclaire quant à la réalité quotidienne de l'entreprise et à l'état de santé de leurs collaborateurs. Pour reprendre leur jargon favori, ce qu'il m'arrive peut « impacter » la société entière, dans la mesure où nous sommes tous liés et dépendants les uns des autres. Par leurs humiliations réitérées devant des collègues, n'ont-ils pas fait de moi le vilain petit canard de la « famille », celui qui n'y a plus sa place, celui que, automatiquement, ses voisins de bureau croyaient touché, presque coulé, se demandant « à qui le tour ? », et qui, pour éviter le couperet, obéissaient ? Aussi me faut-il décortiquer le système pour en dénoncer les effets pervers.

Une analogie m'est d'ailleurs venue à l'esprit : la dictature diffère de l'état totalitaire sur un point précis : dans le second, nul besoin de mettre une baïonnette dans le dos de l'individu pour qu'il aille dans le sens choisi par les hommes de pouvoir. Chez Orange, compte tenu du climat de violence imposé, hommes et femmes ont avancé sans qu'il soit utile de les pousser. Ils ont été modelés, transformés, déshumanisés. Résultat : ceux qui ont appliqué à la lettre les consignes se défendent en clamant : « Je n'étais qu'un exécutant. »

*

C'est ce que me confirmera Loïc Scoarnec, un homme exceptionnel qui consacre sa vie à traquer les employeurs-harceleurs, et dont j'ai fait la connaissance par le biais d'un ami. Celui-ci m'a appelé un jour et donné un conseil :

— Ton histoire est tellement énorme et exemplaire que tu devrais la raconter à la télé. Chez Courbet, il y a un type incroyable qui arrive à résoudre des problèmes en apparence inextricable.

Je contacte donc Loïc Scoarnec. De sa voix de stentor, il m'interpelle :

— Alors M. Talaouit, que vous arrive-t-il ?

Je lui raconte, il écoute :

— L'entreprise France Télécom, on la connaît bien… me dit-il, mais là, ils ont fait fort dites-moi… Il faut tout consigner par écrit, M. Talaouit. Les noms, les dates, les lieux, les événements. Et écrivez à vos patrons, ce sera la preuve de votre bonne foi.

En quelques mots, il résume ensuite les quatre années de folie que je viens de vivre, me décrit le système mis en place comme s'il en connaissait les rouages les plus secrets. En fait, Loïc a vécu lui-même le harcèlement, puis la mise au placard. Installé jour et nuit dans sa voiture sur le parking de l'entreprise qui avait déménagé sans lui, il a même contraint son employeur à le réintégrer. Immédiatement après ce succès, il s'est engagé dans un syndicat pour aider ses collègues. Plus tard, il a créé HMS, « Harcèlement Moral Stop », une association qui aide les salariés victimes de harcèlement et de mauvais traitements au travail. Les dossiers – dont le mien –, s'accumulent sur son bureau. Aujourd'hui, Loïc Scoarnec est sollicité par des entreprises pour faire de la prévention au harcèlement. La prévention, un mot hélas inusité au sein de France Télécom Orange.

*

Loïc me met alors en contact avec une avocate spécialisée dans les dossiers de souffrance au travail, Karine Martin-Staudohar. Dès notre première rencontre, elle est convaincue du harcèlement moral que j'ai subi. Certaines attaques confinent même selon elle à la mise en danger d'autrui. Elle aussi s'inquiète pour mon état de santé et mon désir irrépressible de retourner à mon poste… sans travail :

— Vincent, je ne suis pas médecin, mais vous ne devez pas poursuivre dans ce circuit infernal. Vous êtes en train de vous détruire doucement. N'y allez plus.

— C'est curieux, vous me parlez comme mon toubib et je ne l'écoute pas. Mais comme vous n'êtes pas médecin, je ne vais pas vous écouter…

Elle doit vraiment me prendre pour un fou irresponsable. Mais à cet instant, je crois encore que tout ce qu'il m'arrive relève seulement du malentendu. Et j'espère encore retrouver mon bureau, mon ordinateur, mon téléphone et mes projets passionnants.

En quittant son cabinet d'avocat, je sais au moins que la justice pourrait s'offrir une issue.

*

Parmi les sentiments les plus douloureux et destructeurs, l'humiliation est sans doute celui qui provoque le plus de stigmates. En déroulant ma vie chez ma psy, je m'aperçois d'ailleurs que le mot revient souvent. Oui, j'étais humilié quand, au pied des nouveaux bureaux d'Issy-les-Moulineaux, je croisais certains anciens collègues, qui s'étonnaient de ma présence :

— Mais qu'est-ce que tu fous là Vincent ?

— J'attends de pouvoir accéder à mon bureau…

— Ah ! Mon pauvre vieux…

Oui, j'ai été humilié lorsque, quelques jours plus tard, l'un d'eux me revoyant planté devant l'immeuble interdit, détournera le regard et préférera passer son chemin parce qu'il est impossible, pour lui, de se montrer avec le banni au risque de se voir rejeté à son tour.

Oui, j'ai été humilié lorsque d'autres, ayant eu vent de ma présence quotidienne dans le quartier, ont pris soin de s'assurer que j'avais bien quitté les lieux avant de quitter, eux-mêmes, leurs bureaux.

Une humiliation renforcée lorsque, empruntant par hasard le même trottoir que moi, ils traversaient la rue par crainte d'être à leur tour contaminés.

*

Après l'humiliation, l'avalanche de courriers arrive en deuxième position parmi les éléments constitutifs du harcèlement. Au cours des premiers mois de 2008, alors que je suis en arrête maladie et que pendant longtemps c'est le silence qui tenait lieu de réponse à mes requêtes, je reçois quatre recommandés par semaine de la DRH de France Télécom Orange. Et je passe presque autant de temps à faire la queue à la Poste que dans le cabinet de ma psychiatre.

Des lettres qui constituent des monuments. On tente ainsi de me culpabiliser, quitte à laisser entendre que j'ai creusé ma propre tombe par une attitude systématiquement négative. Il me sera d'ailleurs précisé que, contrairement à ce que je crois, Cédric Paroust n'est pas mon supérieur hiérarchique. Mais dans le même temps, ce même Cédric m'a adressé – on l'a vu – des courriers recommandés signés de sa main pour m'interdire de me rendre à des conférences internationales où je suis attendu. Un autre courrier m'accuse de m'être fait passer pour un élu du CHSCT, celui-là même qui avait tenté une médiation avec Cédric Paroust. Sans oublier une autre lettre de la DRH, qui remporte un oscar de l'impudence, puisqu'elle a ajouté un nouveau concept à son arsenal de la chasse à l'homme, celui du « harcèlement épistolaire ». En d'autres termes, on me reproche de harceler ce pauvre Cédric Paroust !

*

Déjà au plus mal, je subis une attaque de plus en janvier 2008. Alors que je suis en arrêt maladie de longue durée, je ne perçois plus d'indemnité.

Que vais-je faire ? Devenir berger dans le Larzac ? Ouvrir un gîte rural ? Donner mon sang (par litres !) moyennant rémunération ?

Afin que l'erreur soit immédiatement corrigée, j'écris à la DRH pour lui signaler que l'assurance souscrite par France Télécom Orange destinée à couvrir le risque maladie ne m'est plus versée. Je ne vis, à cette période-là, que par les indemnités journalières de la Sécurité sociale. En parallèle, je contacte l'assureur. Qui me précise attendre de mon employeur des informations sur le niveau de ma prise en charge par l'assurance maladie. Tout paiement est donc bloqué dans l'attente de ces précisions. Or malgré les relances de l'assureur, la DRH reste aux abonnés absents toute l'année 2008.

Prisonnier des médicaments, dépendant de mes visites chez la psy, et désormais sans rentrées d'argent : cette fois, je suis bien le loser parfait ! Un perdant contraint de mendier une aide auprès de ses frères, ulcérés de mon incapacité à tourner la page mais prêts à m'apporter leur soutien, quel qu'en soit le prix. Depuis l'amorce de ma chute, ma famille n'a cessé de m'exhorter à m'éloigner au plus vite.

— Avec tes capacités, ton enthousiasme, tu vas t'éclater ailleurs, c'est certain… Pourquoi t'obstiner ? Tu n'as pas compris qu'ils ne veulent plus de toi, comment faut-il te le dire ?

— Mais ils ne me l'ont pas écrit !

Je n'ai d'autre choix que de dénoncer la violence invisible qu'exercent sur moi, et sur des milliers d'autres salariés, ces managers en ordre de bataille laissant nos questions légitimes sans réponse. J'ai pertinemment saisi la volonté de me voir baisser les bras et démissionner, mais le caractère injuste, la cruauté de la méthode, m'empêchent de pardonner et renoncer.

*

Être contraint de faire la manche au sein de sa propre famille est un poids de plus. J'ai d'ailleurs conscience de mettre tous les miens en danger, ma femme et mon fils en premier. À son tour, mon avocate enjoint l'assureur de régulariser ma situation sous peine d'une plainte déposée pour complicité de « tentative d'appauvrissement ».

De mon côté, j'écris partout, au ministère, à l'inspection et à la Direction générale du travail. Je confectionne des dossiers reliés et mes derniers euros se consument en courriers recommandés. Une guerre du papier menée dans un seul but : faire valoir mes droits ! Ce n'est qu'un an plus tard, en mars 2009, que je recevrai rétroactivement mon dû. Reste que les souffrances endurées, les combats menés, ont un prix. Et j'entends me battre pour, aujourd'hui, de demander des comptes aux responsables de ma descente aux enfers. Pas uniquement pour moi, aussi pour couper court aux dérives managériales qui continuent de sévir dans de nombreuses entreprises. Nul n'a le droit de se dérober, de se taire, sous peine de voir ces dérives se multiplier. Mon devoir est là.

*

Je ne suis pas seul à lutter. Si Lionel et moi avons déposé une plainte pour harcèlement moral, les deux inspectrices du travail des Hauts-de-Seine, témoins directs de notre calvaire, ont agi de même. Une initiative extrêmement rare. Une démarche qui s'inscrit dans le désir de souligner la gravité des agissements dont nous avons été victimes. L'enquête est en cours et c'est maintenant à la justice de démêler les responsabilités.

Après une enquête minutieuse, étayée de documents précis, Mélinda Marone et Sabrina Rousselle vont ainsi rédiger un rapport dans lequel elles soulignent, étape après étape, la stratégie d'élimination dont nous avons été les victimes : notre mise à l'isolement, le harcèlement réitéré, les dangers que des dirigeants nous ont fait courir en toute connaissance de cause

Elles soulignent notamment nos premières alertes, trois semaines après le déménagement dramatique du 21 septembre 2007 ; relèvent l'absence de réponse de la direction à nos demandes d'explication ; dénoncent, enfin, l'interdiction qui nous est faite d'entrer dans les nouveaux locaux d'Issy-les-Moulineaux.

La lettre hallucinante que reçoit Lionel le 2 octobre 2007 figure en bonne place dans le rapport : son employeur mentionne qu'« effectivement, il n'était pas prévu que vous déménagiez à Issy-les-Moulineaux… votre lieu de travail est inchangé ».

Quel lieu de travail ? Un bâtiment abandonné, vidé et en cours de transformation, dans lequel nous avons passé trois mois, reclus dans les gravats et les travaux en cours, sans que personne ne daigne se soucier de cette situation ?

À peine la direction a-t-elle admis que Lionel et moi n'avons pas été du déménagement du 21 septembre 2007, qu'elle nous annonce que nous serons bientôt transférés à Arcueil, siège d'Orange France.

Évidemment, cet énième revirement ne sera jamais suivi d'effet : lorsque je me présente à Arcueil, je ne vais pas plus loin que la réception. Quant à Lionel, il se voit parqué dans un couloir avec un bureau, une chaise, mais pas de travail. Plusieurs fois par jour, un homme qu'il n'a jamais pu identifier vient vers lui, s'arrête pour le regarder puis repart sans avoir prononcé la moindre parole. Agressé par ces visites, Lionel le prend en photo ! Mais aucun mot ne s'échappera jamais du fantôme de France Télécom. Lionel craque au bout de quelques jours, las que l'on s'évertue à se payer sa tête. Il s'est enfui définitivement.

Les inspectrices du travail ne sont pas au bout de leurs surprises. Documents à l'appui – qui plus est fournis par deux représentantes de la direction du groupe ! –, elles constatent à quel point nos patrons n'ont pas jugé bon d'informer avec précision les représentants du personnel au sujet des suppressions des postes. Toujours, ils sont restés évasifs au sujet des déménagements, en affirmant par ailleurs sans vergogne au CHSCT que « le message est bien passé auprès du personnel[1] ». Pas dupes, elles dénoncent ces agissements. « La société Orange France s'est non seulement abstenue de consulter le comité d'entreprise sur la réorganisation et les suppressions de postes, mais elle a également diffusé une fausse information », disent-elles.

Pour fermer le ban, les inspectrices achèvent leur réquisitoire en évoquant « le délit d'entrave au fonctionnement régulier du comité d'entreprise » – comme du CHSCT d'ailleurs – commis par la direction de France Télécom Orange. Et d'envoyer leur bouquet final, soit le délit de harcèlement moral du fait d'« agissements répétés » à notre encontre ; dégradation de nos conditions de travail ; atteinte à notre santé. La clausule en dit long sur le poids des fautes commises : « la responsabilité pénale d'Orange France peut être recherchée », préviennent-elles[2].

*

1. PV de la réunion du CHSCT du 22 juin 2007.
2. Il est important de redire, l'objectivité étant de mise, que France Télécom conteste formellement ces accusations, estimant que nombre de situations dramatiques ne peuvent lui être imputées. La justice livrera son point de vue, aussi, pour l'heure, France Télécom bénéficie évidemment de la présomption d'innocence.

Leur rapport du 3 février 2009 débouche sur une main tendue pour les deux naufragés que nous sommes : voilà qui nous offre, à Lionel et à moi, la possibilité de déposer plainte contre France Télécom Orange. Fait exceptionnel, propre à souligner la gravité que revêt notre situation, les deux inspectrices déposent elles-mêmes une plainte pour harcèlement moral sur la base de nos dossiers [1] !

1. Depuis février 2009, les plaintes se sont accumulées :

– 15 décembre 2009 : plainte générale du syndicat SUD

– 4 février 2010 : signalement art. 40 du Code de procédure pénale de l'inspection du travail au Procureur de la République de Paris.

– 8 avril 2010 : Le Parquet de Paris ouvre une information judiciaire pour harcèlement moral.

– À partir d'avril 2010 : Constitution de partie civile des syndicats CFC-CGC, CFDT, FO, CGT, CFTC.

Témoignage

Brigitte Font Le Bret : « Entendre tous les jours la souffrance »

Au bout d'une ruelle nichée aux confins d'un quartier modeste de Grenoble, un panonceau informe le visiteur : Brigitte Font Le Bret, psychiatre.

Pas de tape à l'œil dans le cabinet de ce médecin. Aux murs, des tableaux qui célèbrent la Provence, quand elle irradie de cette lumière rouge orangé que prend parfois le soleil au couchant. Des tableaux partout, qui semblent s'arrimer selon leur bon vouloir : sur les murs, posés au sol ou sur une table. Certains peuvent n'y voir que de vulgaires croûtes. Pour Brigitte Font Le Bret, ces toiles nées de la créativité de ses propres patients, ont une valeur inestimable.

Brigitte Font Le Bret est cette femme-là, dont le métier est (presque) toute sa vie, ses patients sa priorité. Membre du Comité scientifique de l'observatoire du stress et des mobilités forcées – une association créée par les syndicats Sud et CFE-CGC –, elle voit défiler dans son cabinet des dizaines de salariés de France Télécom, toujours plus nombreux depuis dix ans. Des hommes et des femmes perdus, esquintés, aux récits hallucinants.

Elle sait que certains sont aux portes du suicide et se bat pour qu'ils trouvent la force de rester. Dans sa voix, la colère et l'ironie le disputent donc à l'incompréhension.

Comment l'organisation du travail a-t-elle pu provoquer tant de souffrance et de drames dans une entreprise longtemps présentée comme un des fleurons de la technologie française ?

« Une dame que je suis depuis très longtemps a occupé plusieurs postes au sein de France Télécom Orange. Elle a ainsi été mise sur un plateau téléphonique à but commercial. Or ce qu'elle ne supportait pas, c'était la double écoute qui permettait à son manager direct d'écouter tout ce qu'elle disait alors qu'elle avait un client au téléphone. Elle lui dit un jour :

— Je veux bien que vous vérifiiez la qualité de mon travail, mais pas comme ça…

Elle voulait bien faire, mais cette double écoute lui était insupportable. Pendant plusieurs mois, le manager en question accepte de ne plus l'écouter et n'intervient plus dans un travail auquel elle met toute son énergie et sa bonne volonté.

Puis un jour, il revient vers elle :

— Bon maintenant ça suffit, il n'y a pas de raison pour que vous ne soyez pas comme les autres.

C'est à ce moment que je l'ai vue dans mon cabinet. Elle avait des troubles du sommeil, des signes d'anxiété, mais surtout, ce qui m'a le plus étonnée, perdu la voix. Elle ne parlait plus, elle chuchotait. Je l'ai adressée à un médecin généraliste qui l'a envoyée chez un ORL. Mais il n'a rien décelé : aucun nodule, aucune inflammation des cordes vocales. Son organisme avait trouvé une façon inconsciente de dire non à la double écoute.

Un médecin du travail est intervenu. Comme cette femme pouvait faire autre chose, on l'a mise dans un « back-office », un service dans lequel elle ne travaillait plus au téléphone avec les clients, mais par mail. Et je l'ai vue réapparaître quelque temps plus tard, le sourire aux lèvres.

— Qu'est-ce que je suis bien ! me dit-elle.

Face à un autre patient de France Télécom qui perdait ses cheveux, je me souviens m'être dit un jour : "Où va-t-on s'arrêter, il y en a qui vont perdre la vie..." Et ça n'a pas traîné. Un autre homme me contacte quelque temps plus tard alors qu'il se trouvait sur son balcon, prêt à sauter. Je me suis souvenue qu'il avait un chien et lui ai dit :

— Écoutez-moi, prenez votre chien et allez le balader.

Il l'a fait et j'ai poursuivi la consultation ainsi, par téléphone. Lui avec son chien en laisse et moi à mon cabinet.

J'ai signalé son cas avec la volonté de le faire passer en « accident de service ». Plusieurs mois plus tard, il est passé devant un médecin agréé. Mais l'expert a rendu un rapport indigne ne correspondant en rien au cas en question. J'ai demandé une contre-expertise. Elle m'a été refusée. Et le patient vient à nouveau de décompenser.

Cet homme est d'une fragilité énorme, et, comme d'autres collègues de France Télécom Orange dans le même cas, a 50 ans. Ils sont loin de la retraite et il n'y a aucun reclassement prévu pour eux. À la base, ces techniciens aimaient leur boulot. Mais ils savent aujourd'hui que leur avenir est dans une boutique ou un centre d'appels. L'angoisse qui les tenaille est telle qu'un seul mot peut les faire basculer vers le suicide.

Une fois, j'ai vu arriver un patient qui, au cours d'une réunion, a entendu le mot « réorganisation ». Il s'agissait juste d'une éventualité pour son service. Eh bien, il était effondré.

— Je ne vois pas ce qu'ils vont faire de moi et je n'aurai jamais ma retraite à taux plein…

Voici des salariés à haut risque suicidaire. Si on ne les entend pas, si leurs dossiers s'ajoutent à la pile de ceux que l'on ne traite pas, l'anxiété gagne. Et ils risquent alors de commettre un raptus anxieux et, en l'espace de cinq minutes, décider d'en finir sans qu'il y ait eu de signes suicidaires avant leur geste fatal.

Au-delà de ces décisions parfois aberrantes, un délai souvent très long sépare l'expertise du rapport final qui va influencer la décision de France Télécom. J'ai ainsi vu des médecins experts ne rendre leur rapport que six mois plus tard. En attendant, le salarié est à demi-traitement. Ce qui renforce le climat angoissant pour lui, qui entre en situation de précarisation.

Un autre problème sévit au sein de France Télécom : le contrat qui lie la société aux médecins du travail. Comme si un contrat de travail donnait tous les droits à la DRH ! On a vu parfois des médecins dénoncer les pressions de leur employeur pour rédiger des rapports orientés, signaler des employés en souffrance ou inciter ces derniers à exprimer ce mal-être au grand jour. Or, il faut rappeler à ces médecins qu'ils ont droit au secret médical, lequel leur permet de taire ce que tel ou tel leur a confié. Un Conseil de l'ordre des médecins est même le garant de ce droit. Donc, ils doivent résister à ces pressions et ne parler à la DRH d'un cas particulier que si le patient les y autorise. La confiance est fondamentale, et si le patient la perd, ses médecins ne pourront pas la reconquérir. Il s'agit de lui faire prendre conscience qu'il est en souffrance à cause des conditions de travail imposées, que l'entreprise est en faute et non le contraire.

Un jour, une salariée me dit :

Docteur, je voudrais que vous changiez ma voix, elle ne plaît pas à mon manager.

— Mais vous n'avez pas à changer votre voix, c'est votre personnalité, c'est vous, et votre manager doit vous accepter telle que vous êtes.

Rien n'y a fait, elle a consulté un autre psychiatre qui l'a aidée à modifier sa voix selon les désirs de son chef ! Je suis évidemment opposée à ces méthodes. C'est l'outil qui doit s'adapter à l'individu, et non l'inverse.

Imaginez-vous que je rencontre aussi des cas de phobie du lieu de travail, des patients qui ne peuvent plus passer à proximité de celui-ci ou qui ne supportent pas de voir le logo de l'entreprise sur un panneau. Ils ne veulent même plus consulter leur médecin du travail parce qu'il est installé dans l'enceinte de l'entreprise. Comment en est-on arrivé là ? Si la direction de France Télécom peut, un jour, répondre à cette question, elle aura fait un grand pas. Et pourra commencer à reconstruire ce qu'elle a détruit.

Que pèsent les actionnaires en quête de dividende dans le fait que les salariés sont mis en situation de souffrance extrême ?

Le pire, c'est qu'on fait mine d'avoir découvert ce phénomène en 2009 alors que les premières consultations d'employés de France Télécom Orange chez moi datent de 1995 ! Et, depuis 2000, je n'éteins plus mon téléphone portable, j'ai trop peur de ne pouvoir réagir en cas d'urgence.

Car ce qui se dit dans les entretiens est d'une dureté effroyable ! Certes, nous, psychiatres, avons face à nous des personnes qui vont très mal, mais quand un patient vous dit "Vous savez docteur, je suis un grimpeur et dans ma voiture j'ai des cordes, et si tout devient insupportable pour moi, je saurai m'en servir...", vous réfléchissez avant de couper le téléphone. C'est d'autant plus alarmant que, lorsqu'on regarde l'histoire médicale du patient, il n'a aucun antécédent pathologique, rien.

Dans les coffres de voiture, il y a aussi des armes. Un patient m'a dit une fois :

— Tel jour à telle heure, moi je vais rentrer dans le bureau, il y aura mon manager direct et ma DRH et je vais tirer dans le tas pour leur faire payer tout ce qu'ils m'ont fait.

Que fait-on en tant que médecin tenu au secret professionnel devant de tels propos ? Il faut tisser un lien de confiance avec le malade, lui redonner du sens, l'aider à refaire la chronologie de son histoire, tellement certains sont perdus. D'autres ne savent plus où ils sont, quelle est leur tâche, me demandent de lire leur carte de visite pour le savoir. Ils ignorent souvent qu'ils peuvent consulter un médecin du travail, qu'il s'agit d'un droit – comme l'inspection du travail et les syndicats du reste. Il leur faut donc retrouver une autonomie et je suis là pour les y aider.

Par la suite, ils seront en capacité de demander des comptes à l'entreprise qui les a mis dans cet état. Et si la justice leur donne raison, ils auront restauré leur dignité. Évidemment, la direction de France Télécom va résister et continuer à dire : "Ces gens ont des problèmes personnels", comme on l'a entendu dans les cas de suicide. Mais que faire, et dire, des accidents vasculaires cérébraux, des infarctus et autres pathologies qui peuvent tuer ? Que dire des profondes dépressions dans lesquelles sont plongés des milliers de salariés ne tenant que par les médicaments ? Que fera-t-on même, face au mal-être des managers et cadres qui, eux aussi, arrivent dans nos cabinets, désavoués après avoir été instrumentalisés, et gagnés par un fort sentiment de culpabilité ?

Ce que je crains, c'est qu'après France Télécom, on découvre des dégâts de ce genre dans d'autres entreprises. J'en vois du reste venir de partout. Selon moi, nous sommes devant une grande cause nationale.

Chapitre 17

Je dois l'avouer : je peine à imaginer que je vais porter plainte contre mon employeur à cause de son comportement. Qui s'engage en effet dans une entreprise pour croiser le fer avec des dirigeants avec lesquels il pensait partager le même amour pour le travail ?

Mais ils m'empêchent d'assouvir ma passion, ont bien failli me tuer, ont usé contre moi de toutes les méthodes. Beaucoup ont mis leur énergie à tenter de me briser psychologiquement et envoyé sur un divan afin de comprendre pourquoi j'étais devenu leur cible. Aujourd'hui, je dispose d'éléments attestant qu'on m'a passé par pertes et profits dans le cadre d'une opération plus vaste. Aujourd'hui, je vais être reconnu « invalide » à 38 ans… Mais, aujourd'hui, malgré tout cela, je souffre mille morts à l'idée de rédiger ma plainte !

*

J'ai été entendu par un policier enquêteur, dans le cadre de la procédure initiée par les deux inspectrices du travail. Il a été très clair avec moi :

— Monsieur Talaouit, vous pouvez me raconter tout ce que vous voulez, votre récit peut être le plus impressionnant qu'il m'ait été donné d'entendre, si vous n'avez pas de preuves, des documents étayant votre témoignage, le procureur n'ouvrira pas d'information judiciaire…

Je ne veux donc rien oublier des années passées à tenter de respirer alors qu'on m'enfonçait la tête sous l'eau. Malgré les médicaments, les séances chez les psychiatres, le recul dont je suis désormais capable et ma capacité à analyser la situation ubuesque où cette sale histoire m'a conduit, tout se télescope dans ma tête. Il me faut remettre des dizaines de documents dans l'ordre chronologique, établir une hiérarchie entre les événements. Hélas ! Tous priment à mes yeux ! Les convocations pour des entretiens surréalistes avec la DRH, l'abandon dans un immeuble vide, les silences aussi terribles qu'humiliants de mon management direct, tout revêt une importance capitale à mes yeux, et m'incite à monter au créneau pour dénoncer.

Même si je reste aujourd'hui en équilibre précaire, sur le fil tendu de ma trajectoire de banni, il importe de faire savoir la vérité.

*

Heureusement, je suis soutenu par les miens. En décembre 2009, Lorène nous a donné un autre enfant, un petit garçon. Comme son frère avant lui, il procure joie et sens à ma vie insensée et triste. Nous avons suivi le même parcours initiatique que pour la venue du premier. Et le contact avec ces femmes porteuses de vie a sans doute contribué à me sauver.

C'est ce qui me manque dans l'immédiat. Lorène affiche son bonheur malgré l'exiguïté de notre deux pièces. Elle serait parfaitement sereine si j'acceptais de tourner complètement la page douloureuse de France Télécom Orange. Je comprends son point de vue… et elle comprend aussi que je ne puisse dédouaner la direction d'une entreprise qui a provoqué tant de souffrance dans ses rangs. Car elle sait que je ne mène pas ce combat pour moi seul, que je m'implique aussi pour ceux cabossés autour de moi et qu'il ne faut pas oublier.

*

Lors d'une convention de l'ACSED, l'association des cadres supérieurs et dirigeants de France Télécom Orange, en juin 2010, Stéphane Richard, le nouveau Directeur général du groupe, a sérieusement égratigné ses prédécesseurs, en évoquant les méthodes mises en place pour supprimer des milliers d'emplois en peu de temps. Il a expliqué que l'entreprise avait dû procéder à des réductions d'effectifs massives, importantes, qu'il s'agissait d'une nécessité compte tenu des statuts internes où il y a encore – « une force pour nous » – un grand nombre de fonctionnaires. Tout en précisant que

« cet ajustement n'a pu se faire à l'instar de ce qui s'est passé chez d'autres, en choisissant d'abord ceux qui souhaitaient partir, et en prenant soin d'étaler ce mouvement sur plusieurs années, munis de dispositifs appropriés ». Et il a eu cette phrase limpide : « Hélas, les moyens que nous avons employés pour y parvenir ont engendré de la souffrance... »

Chacun peut mesurer, dans ce propos, la claque donnée à l'équipe précédente. S'il ne remet pas en question la suppression de 22 000 emplois, Stéphane Richard déplore que ce plan ne se soit étalé que sur trois ans à peine, avec, en boomerang, la violence et les conséquences qu'elle engendre. Une sacrée pierre dans le jardin de Didier Lombard et de son équipe !

Stéphane Richard a ajouté, face aux cadres supérieurs de l'entreprise, qu'il n'apprécie pas l'expression « porteurs de signaux faibles », formule que les DRH de France Télécom Orange ont utilisée pour demander aux médecins du travail de leur désigner les salariés en souffrance, et non afin de veiller sur eux.

Dans un discours volontariste prononcé un mois plus tard devant un parterre de journalistes, le Directeur général de France Télécom Orange a poursuivi en affirmant vouloir partir à la « conquête des femmes et des hommes du groupe ».

En toute sincérité, je lui souhaite bien du plaisir. Car le personnel a été trompé, a perdu confiance, la fierté d'appartenir au groupe a disparu. Or c'était le carburant de la machine France Télécom, une valeur partagée par quelque 120 000 collaborateurs.

*

C'est aussi parce qu'il y a parmi ces derniers des gueules cassées que j'ai décidé de déposer une plainte contre France Télécom Orange. J'ignore si mon action et ce que je dévoile dans cet ouvrage seront d'une quelconque utilité pour mes camarades d'infortune.

Les promoteurs du nouveau France Télécom Orange ne pourront faire l'économie d'un inventaire humain du drame, aussi morbide soit-il. Et ce n'est pas le silence entourant les autres suicides – ils se poursuivent au rythme effréné d'un par semaine – qui modifiera le scénario. Ces morts, ces malades par milliers, ces familles meurtries, marqueront à jamais l'histoire de cette grande et belle entreprise. Tant que la direction du groupe demeurera dans le déni, tout en s'en défendant, les changements que Stéphane Richard appelle de ses vœux n'ont guère de chance de voir le jour.

Le déni, c'est ne pas reconnaître que les suicides ou tentatives de suicide sont des accidents du travail.

Le déni, c'est, enfin, de ne pas condamner des méthodes de management et d'organisation du travail « injustement » montré du doigt par les journalistes qui enquêtent sur ce qui est arrivé, alertés par les syndicats.

Quand, le 4 juin dernier, 51 % des cadres supérieurs et dirigeants de France Télécom Orange ont le sentiment que « rien ne change », Stéphane Richard va avoir cette réponse cinglante : « Nous allons revoir complètement les réseaux de management. » Orange Campus, la dernière trouvaille pour former l'encadrement du nouveau France Télécom, parviendra-t-elle à remettre le groupe en ordre de marche ? La direction ne doit pas oublier que seule une solidarité avec l'ensemble du personnel lui permettra de relever son plus grand défi : assumer son terrible passé pour donner ses chances à un nouveau départ.

Épilogue

Alors que j'ai longtemps été rétif à l'idée de fréquenter les cabinets de psychiatre, une séance hebdomadaire – voire deux quand je vais vraiment très mal – me sont désormais indispensables.

J'éprouve le besoin vital de raconter à la femme attentive face à moi le temps trop long où j'ai eu l'impression que l'absurde était la règle, où, à l'instar de tant de collègues d'infortune, je ne comprenais pas ce que recherchaient nos hiérarques en humiliant, agressant, niant. La sensation d'être sans cesse en décalage avec ma communauté professionnelle m'a beaucoup plus abîmé que je ne le pensais.

En espérant tous les jours qu'une âme charitable viendrait à mon secours, je ne réalisais pas que je me positionnais en demandeur, suppliant mes employeurs de bien vouloir respecter la loi !

Quand je m'épanche sur ce passé récent, je sens la colère venir. Or, c'est à moi que j'en veux le plus : je fustige le naïf, le loyal soldat, le bon camarade que j'étais, incapable de voir et d'entendre, sans doute pour éviter d'admettre l'inconcevable . on ne voulait plus de lui.

Le réveil est brutal et je quitte le divan en claudiquant parfois, tant l'effort de souvenance m'éprouve.

Les deux heures que je passe à tenter de désinfecter cette plaie béante me plongent dans un état paradoxal : la douleur ne me laisse aucun répit et, dans le même temps, me débarrasser des oripeaux du jeune cadre anciennement dynamique et récemment tabassé me soulage chaque séance un peu plus.

*

De retour chez moi, je travaille à la rédaction de ma plainte. Je ne veux rien oublier, tout me paraît important, mais les mots s'entrechoquent. La violence, les regards des collègues qui se détournent, l'isolement, les courriers d'alerte que personne ne lit, les organisations syndicales étrangement absentes, les instances représentatives du personnel privées d'informations, tout se bouscule. Je peine même à mettre un point final à cette démarche capitale. Mais je le redis : l'exigence de dénoncer est essentielle. Pour moi, mes proches, comme pour tous mes collègues souffrant en silence.

La stratégie exclusivement financière et les méthodes employées contre des êtres humains, sans conscience, mise en place par la direction ont fait perdre tout sens commun.

Cette politique de réduction des coûts décidée unilatéralement et appliquée froidement a provoqué des dégâts tels qu'il faudra du temps pour en effacer les traces.

La direction a le droit de dire que ce « dégraissage » était inévitable – et les chiffres leur donneront sans doute raison –, il n'était pas pour autant obligatoire de briser tant de personnes.

Il est à craindre que ces méthodes drastiques fassent école. Un plan social sans débourser un centime peut tenter de nombreux apprentis sorciers sans scrupules. Une crainte renforcée par l'inertie évidente du principal actionnaire de France Télécom Orange, à savoir l'État. À Bercy comme au ministère du Travail, on ne pouvait ignorer ce qui se tramait dans le groupe. Tant les alertes ont été nombreuses. Stéphane Richard, qui frayait à l'époque dans les hautes instances du pouvoir, n'avait-il eu vent de rien ?

En tout cas, son plan de bataille « Conquête 2015 », présenté en juillet 2010, ne sera pas simple à mettre en place. Ce projet volontariste, destiné à attirer de nouveaux clients sur tous les continents et, surtout, à reconquérir le personnel du groupe, s'est vite heurté à la réalité. Le même jour, sur France 3, des salariés de France Télécom Orange n'ont pas caché leur scepticisme et leurs doutes en déclarant : « Nous n'avons plus confiance en nos dirigeants. »

Le mal est profond, le nier constituerait une faute dont on ne mesure pas encore les conséquences éventuelles.

C'est donc pour que le déni ne soit pas banalisé pour qu'on parle enfin de l'organisation interne du travail que je m'engage dans une procédure judiciaire. Et lorsque cette tâche sera accomplie, il sera temps pour moi de repartir vers le monde des actifs, celui dont je n'aurais jamais dû m'éloigner si je n'avais reçu tellement de coups. Des agressions à cause desquelles j'ai failli perdre la raison… et la vie.

Annexes

GUIDE PRATIQUE : accompagner un collaborateur dans un processus de changement

le positionnement et les attitudes du collaborateur

• identifier le positionnement du collaborateur (éventuelles phases du « deuil ») et l'accompagner en fonction

les phases du deuil

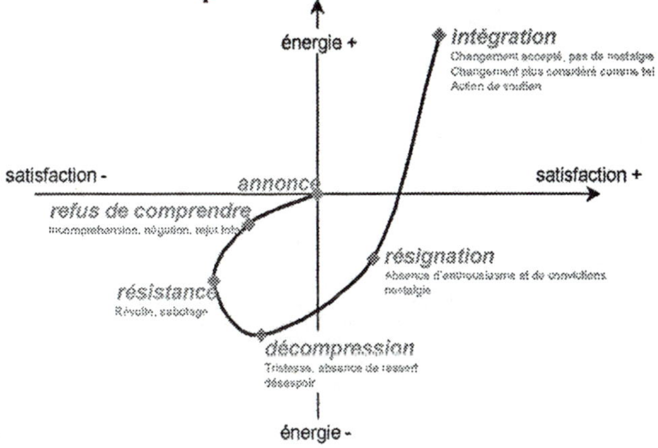

5

Extrait du module donnant les clés aux managers face à des collaborateurs auxquels ils doivent annoncer le « changement », le plus souvent une mobilité forcée, une suppression de poste, ou une invitation au départ de l'entreprise.

Ce module renferme la fameuse « courbe du deuil », d'Elisabeth Kübler-Ross, spécialiste de l'accompagnement des gens en fin de vie.

Ce document prouve que toutes les phases psychologiques traversées par les salariés sous pression avaient été anticipées.

france telecom

Direction Territoriale Centre Est
SERVICE DE SANTE AU TRAVAIL

38024 Grenoble

Dr Catherine Morel Médecin du travail
Tél 33 (0) Fax 33 (0)
Mobile 33 (0)

Mme
Directrice de la DTCE
FT LYON

Grenoble, le 10 novembre 2009

Madame la Directrice,

Je vous prie de bien vouloir prendre acte par la présente de ma démission du poste de médecin du travail à France Telecom à compter du 10/02/2010, conformément à mon contrat de travail (préavis de 3 mois).

Ma décision est motivée par les éléments suivants :

- j'ai été recrutée en septembre 2007 à 80% sur le service de santé au travail de Grenoble avec une évolution partielle de mon activité sur Lyon à prévoir, qui devait représenter environ 25% de mon activité. Or dans les faits, suite au départ d'un médecin de Lyon, mon activité sur Lyon s'est élevée à plus de 60% de mon temps de travail, donc non conforme à ce qui était annoncé au départ.
- A Lyon, il y a deux bureaux médicaux pour quatre médecins (dont deux à temps plein). Ces conditions compliquent l'organisation et ne permettent pas à mon avis de travailler efficacement.

Au-delà des problèmes matériels d'organisation, ma décision est essentiellement motivée par une impossibilité d'exercer mon métier de médecin du travail tel qu'il est prévu par la loi, le code du travail et le code de déontologie.

Le rôle du médecin du travail, « exclusivement préventif », doit être un rôle de prévention primaire, visant à «éviter toute altération de la santé des travailleurs du fait de leur travail », par une adaptation du travail à l'homme et non l'inverse.
Durant ces deux années d'exercice, je n'ai pu faire que le constat d'une adaptation forcée de l'homme au travail, suite à des fermetures de service, des suppressions de poste de travail, des mutations fonctionnelles ou géographiques imposées. Les demandes de reclassement ou d'aménagement de poste de travail que j'ai pu faire sont souvent restées sans réponse écrite et motivée.

Lors de mon premier bilan annuel présenté en mars 2008 au CE, j'avais fait le constat d'un certain nombre de dysfonctionnements :

- logiciel pack RH non adapté au bilan annuel,
- pas d'information sur les arrêts maladies,
- dysfonctionnements majeurs dans le délai de traitement des dossiers aux affaires médicales,
- aucun groupe de travail de médecins du travail au niveau national,
- relations tendues avec la DTCE concernant des sujets importants comme l'étude RFPro, les espaces écoute et accompagnement,
- aucune marge de manœuvre au niveau local aussi bien en ce qui concerne l'ergonomie, que l'organisation du travail et les conditions de travail,
- impossibilité pour le médecin du travail d'exercer son rôle de conseiller de l'employeur.

Deux ans après, le constat est exactement le même avec en plus :

- impossibilité d'avoir des indicateurs comme les arrêts maladies par unité et par an,
- pas de système permettant d'avoir une visibilité sur les visites de reprise après maladie,
- pas d'IPRP rattaché au service de santé au travail de la DTCE malgré notre demande répétée,

orange

&france telecom

- refus de la direction de pouvoir travailler localement avec des organismes externes reconnus pour leurs compétences comme les ARACT, la CRAM, les instituts universitaires,
- une absence de représentation de l'ensemble des médecins du travail auprès de la direction nationale.

Je dresse un bilan positif de ces deux années sur un plan professionnel et personnel en ce qui concerne :
- la reconnaissance des salariés qui font confiance aux médecins du travail,
- une collaboration fructueuse avec les managers de proximité, souvent soucieux de leurs collaborateurs et à l'écoute de leurs équipes , malgré leur très faible marge de manœuvre,
- une écoute attentive et une reconnaissance de notre travail par les représentants du personnel,
- un travail collectif avec les collègues médecins de la DTCE.

Sur le plan déontologique, je soulignerai les points suivants :
- la pression exercée pour participer à l'espace écoute et accompagnement, dont je souligne depuis le début la non prise en compte de toutes les recommandations du CNOM, et dont je conteste l'utilité alors que FT ne met pas en œuvre ce qui est déjà prévu par le code du travail (art L.4624-1),
- le refus qui nous a été opposé au départ pour participer à l'étude RFPro même si par la suite, la direction a changé d'avis grâce à notre ténacité.

Pendant ces deux années et encore plus depuis les derniers évènements dramatiques, j'ai eu le sentiment d'être cantonnée au cabinet médical uniquement dans l'écoute de salariés en souffrance, sans aucun moyen d'action pour faire évoluer ce constat négatif.

C'est donc avec regret devant ce bilan d'impuissance et d'échec, mais également dans le but de me protéger et de préserver ma propre santé, que j'en suis venue progressivement à prendre cette décision.

Je suis à votre disposition pour prévoir les conditions de mon départ (date, transmission des dossiers médicaux et des informations, DIF ...).

Je vous prie de croire, Madame la Directrice, à l'assurance de ma considération distinguée.

Dr Catherine Morel

Lettre de démission de Mme Catherine Morel, médecin du travail à Chambéry.

Liberté • Égalité • Fraternité
RÉPUBLIQUE FRANÇAISE

MINISTERE DU TRAVAIL DES RELATIONS SOCIALES DE LA FAMILLE DE LA SOLIDARITE ET DE LA VILLE

Direction Départementale
du Travail, de l'emploi et de la
Formation Professionnelle
de PARIS

Inspection du Travail
Section 15A

, 13

Permanence Lundi après midi et
mercredi matin

Téléphone
Télécopie 0

Fédération SUD PTT
A l'attention de Monsieur
s
PARIS

Paris, le 11 février 2010

Référence : SC n°38

Monsieur,

Par courrier en date du 2 décembre 2009, vous m'interrogiez sur les conclusions de l'enquête que je diligente suite aux suicides et tentatives de suicides de travailleurs qui ont eu lieu au sein de l'UES France Télécom-Orange et sur les suites que j'entends y donner.

Il ressort des éléments recueillis lors de cette enquête que l'organisation du travail en vigueur durant la période 2005-2009 s'est caractérisée par la mise en œuvre de réorganisations qui ont entraîné la suppression de 22 000 emplois, la mobilité de 14 000 personnes dont 7500 vers des secteurs prioritaires. Le management mis en œuvre afin de parvenir à ces résultats visait à contraindre les travailleurs dont le métier n'était plus jugé utile ou prioritaire soit à quitter l'entreprise soit à changer de métier. Il visait également à faire changer les travailleurs de lieu de travail dans le cadre de réorganisations destinées à regrouper des sites de travail. Ces restructurations ont affecté toute l'organisation du travail des unités de travail.

Il ressort du rapport Technologia mais aussi d'autres rapports d'expertises réalisés pour le compte de CHSCT les ayant mandatés que, durant cette période, les travailleurs de France Télécom ont subi une dégradation de leurs conditions de travail, qu'ils ont été déstabilisés, qu'ils ont perdu leur identité et la confiance dans l'entreprise. Ils ont été fragilisés psychologiquement au point que certains d'entre eux ont développé des troubles, des états dépressifs, des pensées suicidaires et développé des pathologies ayant pu conduire certaines personnes au suicide ou à la tentative de suicide.

J'ai également constaté, que la direction de France Télécom a été alertée à de nombreuses reprises tout au long de cette période, que ce soit par les CHSCT, en particulier au travers des rapports d'expertise, le CNSHSCT, les organisations syndicales, des courriers d'inspection du travail et de CRAM, des rapports de médecins du travail, et même de décisions de justice suite à des contestations de demandes d'expertises formulées par des CHSCT, sur l'existence de risques psychosociaux pouvant être graves au sein de l'entreprise.

Suite à ces alertes, il ressort de l'analyse des documents, que la direction de France Télécom n'a pas pris les mesures nécessaires pour éviter ou pour le moins limiter les risques d'atteintes à la santé mentale liés à l'organisation du travail. Les logiques de prévention mises en œuvre au sein de l'UES France Télécom-Orange durant cette période se sont limitées à la formation ou l'adaptation (formation des managers, formation au stress) et à la gestion des difficultés c'est-à-dire la prise en charge des travailleurs dont la santé était déjà dégradée par les cellules d'écoute.

Il ressort également de l'analyse des documents d'évaluation des risques relatifs à la période considérée qui m'ont été transmis, que les conséquences sur la santé des travailleurs des restructurations, réorganisations, fermetures, ouvertures de site avec les mobilités tant fonctionnelles que géographiques qui les accompagnent, n'étaient soit pas abordées soit pas évaluées soit manifestement sous évaluées. L'absence d'évaluation des risques ou leur manifeste sous évaluation a conduit à l'absence de mesure de prévention permettant d'éviter l'apparition des risques psychosociaux et leurs effets sur la santé des travailleurs.

Ces faits contreviennent à l'obligation qui incombe à l'employeur de prendre des mesures visant à préserver la santé la physique et mentale des salariés. Ils constituent des infractions aux dispositions des articles L4121-1 3° et L4121-2 7° du code du travail. Ces articles prévoient en effet que l'employeur doit mettre en place une organisation et des moyens adaptés pour assurer la sécurité, protéger la santé physique et mentale des travailleurs et planifier la prévention en y intégrant dans un ensemble cohérent, la technique, l'organisation du travail, les conditions de travail, les relations sociales et l'influence des facteurs ambiants notamment les risques liés au harcèlement moral tel qu'il est défini à l'article L1152-1 du code du travail. C'est en respectant ces obligations que l'employeur se doit d'évaluer les risques comme le prévoit l'article L4121-3 du code du travail et de transcrire cette évaluation dans le document d'évaluation des risques prévu par l'article R4121-1 du code du travail. Le respect de ces obligations particulières de sécurité a vocation à permettre à l'employeur de remplir son obligation de résultat en matière de protection de la santé physique et mentale des travailleurs.

Compte tenu des manquements constatés, je vous informe qu'en application de l'article 40 du code de procédure pénale, j'ai remis ce jour au Parquet de Paris un rapport pour mise en danger de la vie d'autrui et harcèlement moral du fait de méthodes de gestion de nature à porter atteinte à la santé mentale des travailleurs. Cette procédure a été enregistrée par le Parquet de Paris sous le même numéro que la plainte que votre syndicat a déposé.

Veuillez agréer Monsieur, l'expression de ma considération distinguée.

L'Inspectrice du Travail

S Catala

Lettre de Mme Sylvie Catala, Inspectrice du Travail à Paris, expliquant au syndicat SUD PTT pourquoi elle a jugé utile de transmettre son rapport d'enquête au Procureur de la République de Paris.

Un rapport qui va alimenter la plainte déposée par le syndicat pour « harcèlement moral et mise en danger d'autrui ». Une enquête est en cours et toutes les personnes susceptibles d'être mises en cause sont présumées innocentes tant que la justice ne s'est pas définitivement prononcée.

Remerciements

Vincent Talaouit remercie :

À Lorène,

À mon père et à ma mère et à leur amour du travail.
À mes frères et à mes sœurs.

À Bernard Nicolas, à Jacques Massard, à Benjamin, à Romain, à Grégory.

À Marcellino Martin, Martine Masson, Fabienne Castant-Lenoble, Fernande Amblard, Chantal Qualizza, Josiane de Saint-Paul, Françoise Ducreux, Daniel Quillerou, Antony Girod, François Balta, Éric Mortier, Lucie Zitoun, Christiane Larabie, Hélène Blanchard, Patrick Dupont, Nadia, Nathalie, Anne Roulle, Andrée Zerah, Christopher Robert, Marie-Christine Aury, Christine-Marie Faure, Bruno Diehl, Gérard Doublet.

Au Dr Annick Perrot, Dr Didier Ricci, Dr René Lebon, Dr Marie-France Hirigoyen, Dr Marie-Christine Soulat, Me Maud-Élodie Egloff, Me Jean-François Martin, Me Antoine Vivant, Me Frédéric Calinaud, Me Karine Martin Staudohar, Me Jean-Paul

Teyssonnière, Me Patricia Lemarchand, Loïc Scoarnec (président de Harcèlement Moral Stop), Bassem Ismaïl, Jean de Craene, David Tameriout.

À Antoine, Dr Catherine Morel, Patrick Ackermann, Jean-Paul Nouhaut, Christophe Desjours, Dr Brigitte Font Le Bret, Jean-Louis Bailly, Jean-Yves Claret.

À Patrick, Aude-Marie, Carole, Alain, Alexi, Alice, Anne, Annie, Aude, Audrey, Aurélia, Axelle, Bénédicte, Brigitte, Bruno, Catherine, Christelle, Christophe, Laurent, Delphine, Denis, Didier, Djamila, Éléonore, Francisco, Agnès, Annabelle, Carlotta, Catherine, Isabelle, Michelle, Michel, Bernard, Astrid, François, Margot, Oriane, Gaëlle, Gregory, Hubert, Thérésa, Valérie, Virginie, Iris, Isabelle, Jacques, Julien, Karine, Kéo, Kahmseng, Nathalia, Nicolas, Raphaëlle, Rym, Sharon, Solveig, Sonia, Camille, Caroline, Florence.

Merci à la vie, merci à la fraternité, merci à la solidarité, merci à la liberté, merci à la responsabilité.

Merci à tous ceux qui m'ont apporté un peu de leur temps et de leur chaleur.

Vous pouvez me contacter au mail suivant simple.humain@gmail.com

Bernard Nicolas remercie :

Brigitte Font Le Bret, Christophe Dejours, Catherine Morel, Marco Diani, Jean-Louis Bailly, Clément Siebering, Daniel Gobin, Antoine Papin, Romain Hamdane, Emmanuel Charlot, Jacques Massard, Frédérique, Gaspard.

Table

Imprimé en France par CPI Firmin Didot
N° d'édition : L.01ELKN000290.N001 – N° d'impression : 101511
Dépôt légal : septembre 2010